INTRODUÇÃO À PERÍCIA ECONÔMICO-FINANCEIRA

inter
saberes

INTRODUÇÃO À PERÍCIA ECONÔMICO-FINANCEIRA

Sônia Regina Ribas Timi

inter saberes

Rua Clara Vendramin, 58 – Mossunguê
CEP 81200-170 – Curitiba – PR – Brasil
Fone: (41) 2106-4170
www.intersaberes.com
editora@intersaberes.com

Conselho editorial
Dr. Alexandre Coutinho Pagliarini
Dr.ª Elena Godoy
Dr. Neri dos Santos
M.ª Maria Lúcia Prado Sabatella

Editora-chefe
Lindsay Azambuja

Gerente editorial
Ariadne Nunes Wenger

Assistente editorial
Daniela Viroli Pereira Pinto

Preparação de originais
Ana Maria Ziccardi

Edição de texto
Caroline Rabelo Gomes
Palavra do Editor

Capa
Charles L. da Silva (*design*)
M.Style/Shutterstock (imagem)

Projeto gráfico
Sílvio Gabriel Spannenberg

Adaptação do projeto gráfico
Kátia Priscila Irokawa

Diagramação
Rafael Ramos Zanellato

***Designer* responsável**
Charles L. da Silva

Iconografia
Regina Claudia Cruz Prestes

Dados Internacionais de Catalogação na Publicação (CIP)
(Câmara Brasileira do Livro, SP, Brasil)

Timi, Sônia Regina Ribas
    Introdução à perícia econômico-financeira / Sônia Regina Ribas Timi. -- Curitiba, PR : InterSaberes, 2025.

    Bibliografia.
    ISBN 978-85-227-1659-3

    1. Economia 2. Finanças – Controle 3. Laudos periciais 4. Perícia (Exame técnico) I. Título.

24-243142   CDD-330

Índices para catálogo sistemático:
1. Economia   330

Eliane de Freitas Leite – Bibliotecária – CRB 8/8415

1ª edição, 2025.
Foi feito o depósito legal.

Informamos que é de inteira responsabilidade da autora a emissão de conceitos.

Nenhuma parte desta publicação poderá ser reproduzida por qualquer meio ou forma sem a prévia autorização da Editora InterSaberes.

A violação dos direitos autorais é crime estabelecido na Lei n. 9.610/1998 e punido pelo art. 184 do Código Penal.

Sumário

9 *Apresentação*

12 *Como aproveitar ao máximo este livro*

17 **Capítulo 1 – Características básicas da perícia econômico-financeira**
17 1.1 Aplicações da perícia econômico-financeira
18 1.2 Atuação e características da profissão
19 1.3 Formalização da atividade
21 1.4 Honorários da atividade de perito

25 **Capítulo 2 – Conceitos básicos sobre correção de valores**
25 2.1 Correção monetária
30 2.2 Juros compensatórios ou remuneratórios
32 2.3 Juros moratórios
34 2.4 Juros simples e juros compostos
36 2.5 A prática da correção monetária e dos juros

47 **Capítulo 3 – Como calcular o valor da dívida**
47 3.1 Método de amortização de financiamento
53 3.2 Discussões no Judiciário sobre métodos de amortização
57 3.3 A prática pericial de métodos de amortização

75 **Capítulo 4 – Perícia em ação revisional de conta-corrente**
75 4.1 Direito bancário e perícia bancária
77 4.2 A discussão no Judiciário
82 4.3 A prática da revisão de conta-corrente
85 4.4 Entendendo a planilha de cálculo

98 *Considerações finais*

99 *Referências*

103 *Respostas*

106 *Sobre a autora*

Dedico este trabalho a todos os leitores deste livro esperando conseguir ajudá-los em sua carreira de perito judicial, fazendo-os compreender que os peritos devem estudar todos os dias.

Dedico ao meu filho Flávio Augusto, que me inspira a também estudar todos os dias, pois sua cultura me incentiva a abrir um livro diariamente.

Ao meu marido, pelo apoio e pela dedicação em assumir algumas obrigações que culturalmente seriam minhas, mas ele manda muito bem. E o mais importante é que não me ajuda, faz sua parte!

À minha mãe, que tanto contribuiu para a minha formação acadêmica, e continua a contribuir, trabalhando comigo muitos dias no ano.

Agradeço à minha família (mãe, marido, filho e nora), *que sempre estão ao meu lado, mesmo que eu não tenha o tempo de que gostaria ao lado deles.*

Agradeço a todos os meus professores, que me ensinaram e me incentivaram a sempre aprimorar e a continuar meus estudos.

Agradeço a todos os advogados e juízes que confiam no meu trabalho de assistente técnica e de perito. Graças à sua confiança, consigo exercer essa linda e instigante profissão de perito judicial e extrajudicial.

Agradeço a todas as instituições que confiam no meu conhecimento e permitem que o repasse para meus alunos.

Agradeço aos meus colegas de profissão, que comigo trocam suas experiências na prática da perícia.

Agradeço aos Conselhos de Contabilidade, que sempre me receberam muito bem e me convidam para palestras, por meio das quais tenho a oportunidade de discutir assuntos e trocar conhecimentos com peritos de todo o Brasil.

Apresentação

Este livro destina-se a todos os profissionais que pretendem atuar na área de perícia econômico-financeira e aos que já atuam, como fonte de consulta para embasar seus laudos e pareceres.

Esse tipo de perícia judicial é um documento em que peritos e assistentes técnicos econômico-financeiros vão valorar os processos. Quando o juiz não domina um assunto – um assunto de fato, não de direito –, ele pode ser assistido por um perito, que fará os cálculos para ajudá-lo a sentenciar o processo.

Na atualidade, o número de demandas judiciais cada vez maior tem tornado a perícia econômico-financeira uma área essencial para a resolução de questões complexas que envolvem aspectos financeiros e econômicos. Toda vez que um juiz nomeia um perito, as partes do processo têm o direito de apresentar seus assistentes técnicos. O juiz profere uma sentença no processo determinando a que as partes têm direito e, no mesmo ato, nomeia um perito para fazer a liquidação da sentença. O perito econômico-financeiro e o assistente técnico trabalham nesses dois momentos do processo.

Tendo isso em vista, nosso objetivo principal é mostrar aos novos profissionais como é a atuação em perícia econômico-financeira, uma área que exige conhecimentos profundos sobre matemática financeira, bem como constante atualização sobre a legislação.

Na prova pericial econômico-financeira, o direito e a matemática financeira se entrelaçam: o direito no limite da lei e a matemática no limite empírico e metodológico, pois o perito deve ser imparcial, representando um auxiliar do juiz.

Seria uma tarefa impossível abordar todos os temas relacionados à prática da perícia, porque cada processo é único. Assim, com a pretensão de indicar ao leitor alguns caminhos para aperfeiçoar seus estudos, organizamos o conteúdo desta obra em quatro capítulos, como descrito a seguir, estruturados não apenas com teoria, mas também com exemplos práticos dos cálculos comumente solicitados nos processos judiciais.

No Capítulo 1, fazemos uma breve apresentação a respeito da carreira de perito, suas características e especificidades. Explicamos como ele pode iniciar sua prática e os principais aspectos relacionados à sua atividade, como áreas do direito em que pode atuar, cadastro, postura durante o processo e definição de honorários.

No Capítulo 2, tratamos de correção monetária e tipos de juros. Descrevemos como fazer uma correção de valor em ações judiciais, como acumular os índices e multiplicar pelo valor a ser corrigido. Na sequência, elucidamos a diferença entre juros remuneratórios e juros moratórios, entre juros simples e juros compostos. Abordamos também a taxa de juros equivalentes e a transformação de uma taxa de juros mensal em anual e de uma anual em mensal. Em seguida, apontamos o que costuma ser discutido no Judiciário sobre o assunto.

No Capítulo 3, ocupamo-nos dos métodos de amortização de financiamentos. Comentamos um exemplo prático e também um exercício completo de atuação do perito nessa área. Mostramos o que se discute no Judiciário sobre as revisionais de contratos bancários, indicando quando surgiram essas discussões e por que algumas delas só acontecem no Brasil.

Por fim, no Capítulo 4, apresentamos um cálculo de ação revisional de conta-corrente. Primeiramente, expomos mais teoria sobre o assunto para, depois, oferecer exemplos práticos. Descrevemos um exemplo de planilha que o perito pode utilizar para fazer os cálculos de uma ação revisional de conta-corrente.

Reconhecemos que a principal dificuldade na escrita de um livro é transmitir os conhecimentos de forma clara e objetiva para os leitores iniciantes no assunto, por isso esperamos ter conseguido equilibrar teoria e prática em nossa abordagem.

Boa leitura!

COMO APROVEITAR AO MÁXIMO ESTE LIVRO

Empregamos nesta obra recursos que visam enriquecer seu aprendizado, facilitar a compreensão dos conteúdos e tornar a leitura mais dinâmica. Conheça a seguir cada uma dessas ferramentas e saiba como estão distribuídas no decorrer deste livro para bem aproveitá-las.

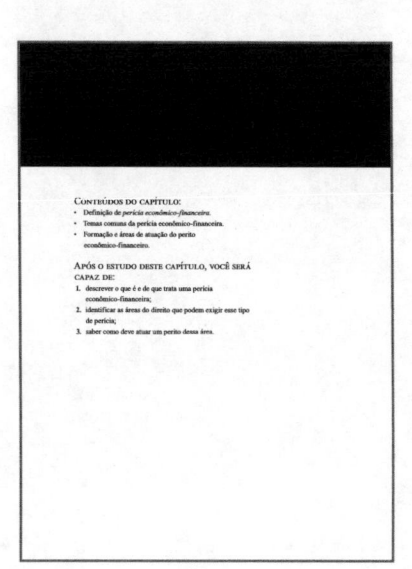

Conteúdos do capítulo:
Logo na abertura do capítulo, relacionamos os conteúdos que nele serão abordados.

Após o estudo deste capítulo, você será capaz de:
Antes de iniciarmos nossa abordagem, listamos as habilidades trabalhadas no capítulo e os conhecimentos que você assimilará no decorrer do texto.

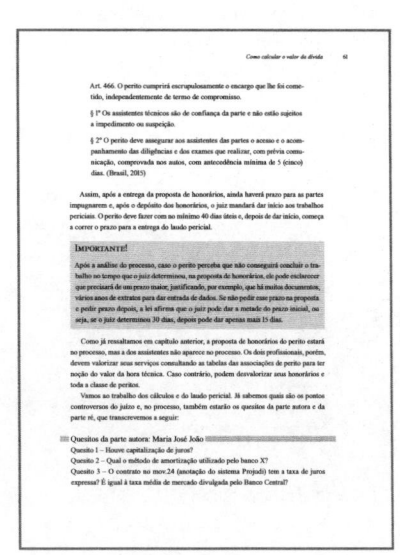

Importante!
Algumas das informações centrais para a compreensão da obra aparecem nesta seção. Aproveite para refletir sobre os conteúdos apresentados.

Preste atenção!

Apresentamos informações complementares a respeito do assunto que está sendo tratado.

Consultando a legislação

Listamos e comentamos nesta seção os documentos legais que fundamentam a área de conhecimento, o campo profissional ou os temas tratados no capítulo para você consultar a legislação e se atualizar.

Para saber mais

Sugerimos a leitura de diferentes conteúdos digitais e impressos para que você aprofunde sua aprendizagem e siga buscando conhecimento.

Síntese

Ao final de cada capítulo, relacionamos as principais informações nele abordadas a fim de que você avalie as conclusões a que chegou, confirmando-as ou redefinindo-as.

Questões para Revisão

Ao realizar estas atividades, você poderá rever os principais conceitos analisados. Ao final do livro, disponibilizamos as respostas às questões para a verificação de sua aprendizagem.

Questões para Reflexão

Ao propormos estas questões, pretendemos estimular sua reflexão crítica sobre temas que ampliam a discussão dos conteúdos tratados no capítulo, contemplando ideias e experiências que podem ser compartilhadas com seus pares.

CONTEÚDOS DO CAPÍTULO:
- Definição de *perícia econômico-financeira*.
- Temas comuns da perícia econômico-financeira.
- Formação e áreas de atuação do perito econômico-financeiro.

APÓS O ESTUDO DESTE CAPÍTULO, VOCÊ SERÁ CAPAZ DE:
1. descrever o que é e de que trata uma perícia econômico-financeira;
2. identificar as áreas do direito que podem exigir esse tipo de perícia;
3. saber como deve atuar um perito dessa área.

1
Características básicas da perícia econômico-financeira

1.1 Aplicações da perícia econômico-financeira

A perícia econômico-financeira é fundamental em processos judiciais e extrajudiciais, pois as análises e o laudo do perito e dos assistentes técnicos ajudam a resolver questões de fatos controversos em contratos bancários, contratos de compra e venda de imóveis, cálculos de danos morais e danos materiais, contratos financeiros, renegociações de dívidas e avaliações de empresas, lucro cessante, dissoluções de sociedades, entre outros.

Nas diferentes situações em que a perícia econômico-financeira é exigida, ela se mostra essencial para a integridade e a transparência das operações financeiras e para a justiça nas relações econômicas.

Ela também pode ser necessária em investigação de fraudes e de crimes financeiros. Os casos mais comuns são os de desfalques contra a empresa ou contra o patrimônio público, como propinas e fraudes em licitações ou obras supervalorizadas, buscando-se detectar e analisar irregularidades, seguindo o caminho do dinheiro, para chegar a outras pessoas que não estejam relacionadas ao processo.

Outro tipo de processo que costuma recorrer às perícias são as ações de recuperação judicial e de falência, uma vez que, conforme a Lei n. 11.101, de 9 de fevereiro de 2005, para uma empresa entrar com esse tipo de processo, precisa apresentar a contabilidade dos últimos três anos, um relatório financeiro que indique por que chegou a esse estágio de crise, produzido pelo assistente técnico econômico-financeiro (Brasil, 2005). Se o processo for aceito, a empresa em recuperação terá de apresentar um plano de recuperação judicial explicando como pagará seus credores, também elaborado por um perito/assistente técnico econômico-financeiro.

Empresas de grande porte também recorrem à perícia para fazer o *valuation* (em português, "avaliação da empresa"), uma metodologia cuja finalidade é determinar seu real valor de mercado, para a tomada de decisões relativas a investimentos, aquisições e fusões.

Como é possível perceber, a elaboração de uma perícia econômico-financeira requer muito conhecimento de matemática financeira, de planilhas de cálculos e de diferentes áreas do direito, pois o perito/assistente técnico precisa conhecer os diferentes códigos legais vigentes, as leis trabalhistas, os índices de atualização monetária e, ainda, as discussões que esses assuntos geram nos processos judiciais.

> ### CONSULTANDO A LEGISLAÇÃO
>
> A fim de regular a recuperação judicial, a extrajudicial e a falência do empresário e da sociedade empresária, a Lei n. 11.101/2005 determina os requisitos para requerer a recuperação judicial e os princípios e objetivos que não podem ser desconsiderados na recuperação de empresas, entre os quais está o da preservação da empresa. A lei também esclarece que a competência para homologar o plano de recuperação extrajudicial, deferir a recuperação judicial ou decretar a falência é do juiz do local do estabelecimento principal da empresa.

1.2 Atuação e características da profissão

Há algum tempo, a perícia econômico-financeira era feita por contadores dos tribunais, concursados nas Justiças federal e estadual. Esse cargo público ainda existe, mas, em razão do número de processos e da falta de contratação de pessoal pelos tribunais, os contadores não dão conta da demanda. Como havia acúmulo de processos parados por falta de cálculo, os juízes passaram a nomear outros profissionais como peritos para executar os serviços.

Contudo, os juízes continuaram a falar em *perícia contábil*, a qual se constitui em um tipo de perícia que envolve alterações nos lançamentos contábeis, uma prerrogativa exclusiva dos contadores. Já a perícia econômico-financeira pode ser feita por bacharéis em Administração, Economia, Contabilidade ou áreas afins, que dominem a matemática financeira.

Como vimos, o perito econômico-financeiro pode atuar em todos os tipos de processos judiciais das diversas áreas do Judiciário. Por exemplo:

- no direito do trabalho: em cálculos trabalhistas, revisionais de contratos de trabalho etc.;
- no direito civil: em processos que exijam avaliação de bens, de danos materiais, de lucros cessantes, de indenizações etc.;
- no direito tributário: em processos que envolvam planejamento tributário, evasão fiscal, cálculo de impostos etc.;

- no direito empresarial: em processos que abrangem avaliação de empresas, falências, recuperação judicial, apuração de haveres, ação revisional de contratos bancários etc.;
- no direito previdenciário: em cálculos de benefícios previdenciários, de tempo de serviço etc.

Como a área de atuação é bastante abrangente, é essencial que o perito econômico-financeiro tenha, além da formação superior, profundo conhecimento na área, estudo constante e imparcialidade nas análises, uma vez que ele atua como auxiliar do juiz.

1.3 Formalização da atividade

O trabalho e as conclusões do perito são apresentados na forma de um laudo pericial, que descreve a análise técnica dos fatos e das questões objeto da perícia, bem como as conclusões e as respostas dos quesitos que se fizerem necessários.

O laudo pericial auxiliará o juízo em seu convencimento para proferir a sentença do processo, daí sua extrema importância no processo judicial.

Para se entrar com um processo, o parecer técnico do assistente do advogado deve ir ao encontro da tese defendida pelo advogado. No andamento processual, o assistente técnico verificará o trabalho do perito nomeado pelo juiz para observar se o perito não está prejudicando seu cliente de alguma maneira, como no caso de haver um erro material ou formal, ou mesmo desobedecendo a alguma decisão do processo.

O perito do juízo entregará seu laudo pericial explicando todos os procedimentos feitos para o entendimento do magistrado, que poderá utilizar o referido laudo para seus fundamentos na decisão da ação.

Os trabalhos executados pelo assistente técnico e pelo perito são fundamentais para indicar a verdade dos fatos e, assim, alcançar a justiça.

A atividade de perito econômico-financeiro tem como base a Lei n. 13.105, de 16 de março de 2015, o Código de Processo Civil (CPC), que regulamenta a prova pericial, os direitos e as obrigações do perito (Brasil, 2015).

Além da formação acadêmica, para atuar como perito nessa área, é preciso ter conhecimento sobre as instâncias do Judiciário, isto é, primeiro grau, segundo grau e tribunais superiores. Os tribunais dividem-se em cíveis, trabalhistas, criminais, estaduais e nacionais: por exemplo, 1ª Vara Civil de São Paulo (estadual); 13ª Vara Federal de Porto Alegre; 2ª Vara do Trabalho de Curitiba (federal).

Os processos são direcionados em função dos assuntos discutidos neles. Por exemplo, o processo de uma ação revisional de contratos bancários cujo banco seja privado deve tramitar no tribunal estadual, em uma vara cível; o processo de uma ação revisional de contrato bancário cujo banco seja público, como a Caixa Econômica Federal, terá o andamento nas varas cíveis federais.

Um processo sempre começa em primeira instância, na qual o juiz profere sua sentença. Caso uma das partes não fique satisfeita com a sentença, ela recolhe para o Tribunal do Estado (segunda instância) e o processo pode seguir para Superior Tribunal de Justiça (STJ) ou para o Supremo Tribunal Federal (STF).

Comumente, a prova pericial é solicitada na fase probatória do processo, que se dá em primeira instância, em uma vara cível, criminal ou trabalhista. O juiz de primeira instância é quem nomeia o perito judicial entre os inscritos no cadastro do tribunal, para auxiliá-lo em seu convencimento na sentença ou para a liquidação da sentença.

Preste atenção!

Todos os tribunais têm um *site* no qual disponibilizam um sistema de cadastro de peritos, como o Cadastro dos Auxiliares da Justiça do Paraná (Caju). O pretendente deve preencher seus dados pessoais e escolares, fornecer certidões negativas, indicar onde quer atuar e informar sua especialidade. As certidões têm de ser renovadas no mínimo três vezes ao ano, em alguns tribunais. No Tribunal Regional Federal, existe mais um cadastro a ser preenchido, para o recebimento dos honorários.

Feito o cadastro, quando houver uma nomeação, os sistemas dos processos dos tribunais enviarão *e-mail* para o perito.

Atualmente, estão disponíveis os sistemas Projudi, mantido pelo Conselho Nacional de Justiça (CNJ) e utilizado pela maior parte dos estados brasileiros, e Eproc, concebido, inicialmente, para a Justiça Federal, mas hoje utilizado por vários tribunais.

A promessa é que todos os tribunais estaduais trabalhem com o Projudi. Algumas varas e tribunais já estão completamente informatizados, entretanto muitos ainda não. Obviamente, há uma grande diferença entre o trabalho realizado nos tribunais digitais e o desenvolvido nos tribunais ainda não digitais: em um tribunal não digital, os prazos não podem ser comuns, pois cada parte tem de fazer carga dos autos físicos para ter conhecimento de uma sentença; nos tribunais digitais, quando uma sentença é proferida, o próprio sistema já intima todas as partes, estipulando o prazo comum a todos os envolvidos.

1.4 Honorários da atividade de perito

Após sua nomeação, o perito deve apresentar a proposta de honorários para o juiz, baseada nas horas trabalhadas e no valor da hora técnica de cada um. No momento da precificação dos honorários periciais, é importante considerar que levará algum tempo para o perito receber esse valor.

A precificação dos honorários não é um mero cálculo aritmético, como muitos definem. O perito deve ler o processo todo, ver as sentenças e os acórdãos que determinam o que fazer, efetuar os cálculos, responder aos quesitos (perguntas que as partes do processo fazem para o perito), escrever o laudo pericial, responder às impugnações dos honorários e do laudo pericial e solicitar alvará para o pagamento dos honorários. Em outras palavras, há muitos aspectos a serem considerados. É muito importante que o perito se valorize ao precificar seus honorários para não desvalorizar toda a classe profissional. Não estamos afirmando, aqui, que o perito deve cobrar caro, mas que deve cobrar um valor justo, que não desmereça a classe.

Existem associações de peritos vinculadas à Federação Brasileira das Associações de Peritos, Árbitros, Mediadores e Conciliadores (Febrapam) que divulgam o valor da hora de trabalho dos auxiliares da Justiça. Aguiar (2018), em seu livro *Honorários periciais: planejamento, proposta e justiça gratuita*, disponibiliza algumas tabelas com os valores-hora, por regiões do Brasil.

Quando a perícia é solicitado pelo juiz do ofício ou por uma das partes do processo com o benefício da Justiça gratuita, ou seja, essa parte não vai pagar as custas processuais, o perito receberá pela perícia somente ao final do processo, cabendo o pagamento à parte sucumbente. Caso essa parte seja a beneficiária da Justiça gratuita, o Estado arcará com o pagamento, em valores irrisórios, apresentados em uma tabela do CNJ.

Por fim, devemos também referir a figura do assistente técnico que auxiliará o advogado da parte. Esse profissional verificará a viabilidade econômico-financeiro do processo, fazendo os cálculos para a tese jurídica, elaborará os quesitos e analisará e criticará o laudo do perito. Não precisa estar cadastrado no tribunal e é de confiança da parte, diferente do perito, que é de confiança do juízo.

Para saber mais

MALAN, D. Notas sobre a investigação e prova da criminalidade econômico-financeira organizada. **Revista Brasileira de Direito Processual Penal**, v. 2, n. 1, p. 213-238, 2016. Disponível em: <https://dialnet.unirioja.es/servlet/articulo?codigo=5694104>. Acesso em: 16 out. 2024.

O estudo analisa aspectos característicos da investigação preliminar e da instrução processual nos crimes contra as finanças públicas cometidos por organizações criminosas nacionais e transnacionais.

SILVA, A. A. G. **A perícia forense no Brasil**. 125 f. Dissertação (Mestrado em Engenharia Elétrica) – Universidade de São Paulo, São Paulo, 2010. Disponível em: <https://www.teses.usp.br/teses/disponiveis/3/3142/tde-11082010-152328/publico/Dissertacao_Alexandre_A_G_da_Silva.pdf>. Acesso em: 17 out. 2024.

Essa dissertação é muito interessante e trata da atividade forense desde o Egito Antigo até seu desenvolvimento no Brasil atual, mostrando as bases legislativas em cada época.

WALDEMAR, F. **A proposta da nova Lei de Falências e os efeitos na atividade pericial contábil**. 145 f. Dissertação (Mestrado em Controladoria e Contabilidade Estratégica) – Faculdade Escola de Comércio Álvares Penteado, São Paulo, 2004. Disponível em: <https://bdtd.ibict.br/vufind/Record/FECAP-0_23f4e96e7ec47550f998702df7b55db7>. Acesso em: 16 out. 2024.

O trabalho aponta características da Lei de Falências que podem produzir efeitos significativos na atividade pericial contábil. O leitor encontrará conceitos de perícia e de perícia contábil, referências internacionais sobre legislação de falências dos Estados Unidos, da Alemanha, da França, da Argentina e do México e as semelhanças quanto ao trabalho pericial contábil entre esses países e o regime falimentar brasileiro.

Síntese

Neste capítulo, apresentamos alguns aspectos relacionados à prática da perícia econômico-financeira e ao profissional que a elabora. Como vimos, a perícia econômico-financeira passou a ser feita por peritos nomeados pelos juízes, que são profissionais com graduação em diversas áreas, com domínio da matemática financeira, como administradores, economistas e contadores.

Como explicamos, para atuar como perito, é necessário conhecer as instâncias do Judiciário e cadastrar-se nos tribunais, por meio de seus sistemas de cadastro. Os tribunais digitais facilitam o trabalho, pois permitem prazos comuns e notificações automáticas. Após a nomeação, o perito deve apresentar uma proposta de honorários baseada nas horas trabalhadas e no valor da hora técnica.

Questões para Revisão

1) Assinale a alternativa que indica o principal requisito para um perito ser nomeado para atuar em um processo:

   a. Ser pós-graduado.
   b. Ser amigo do juiz.
   c. Ser cadastrado no Cadastro dos Auxiliares da Justiça.
   d. Ser contador.
   e. Ser funcionário público.

2) Assinale a alternativa que indica uma área em que atua um perito econômico-financeiro:

   a. Trabalhista.
   b. Civil estadual.
   c. Civil federal.
   d. Em todas as áreas citadas.
   e. Em nenhuma das áreas citadas.

3) Assinale a alternativa que indica quem realizava a perícia econômico-financeira anteriormente à nomeação dos peritos autônomos:

   a. Juízes.
   b. Advogados.
   c. Contadores dos tribunais.
   d. Economistas.
   e. Administradores.

4) Por que os juízes passaram a nomear peritos para a perícia econômico-financeira?

5) Qual é a diferença entre perícia contábil e perícia econômico-financeira?

6) O que é necessário para se cadastrar como perito nos tribunais?

7) Em que fase do processo a prova pericial é normalmente solicitada?

8) Quais são os principais conhecimentos que um perito econômico-financeiro deve ter?

9) Qual é a importância da perícia econômico-financeiro para o Judiciário?

Questões para reflexão

1) Qual é o papel da prova pericial em um processo judicial?

2) Qual é a necessidade de o perito do juízo ser imparcial e estar sujeito às mesmas suspeições atribuídas ao juiz?

3) Discorra sobre os principais campos de atuação da perícia econômico-financeira.

Conteúdos do capítulo:
- Finalidades dos ajustes financeiros.
- Parâmetros para cálculos.
- Conceitos de correção monetária e de juros.
- Índices acumulados.
- Tipos de juros.

Após o estudo deste capítulo, você será capaz de:
1. interpretar a sentença do juízo e identificar os parâmetros dos cálculos;
2. atualizar um valor em processo judiciário e escrever o laudo pericial;
3. calcular juros moratórios no processo judicial e utilizar o índice para a atualização monetária.

2 Conceitos básicos sobre correção de valores

2.1 Correção monetária

A correção monetária, também conhecida como *atualização monetária*, é o ajuste que atualiza uma quantia de um período anterior para outro, a fim de evitar que ela se desvalorize em virtude da inflação observada ao longo desse tempo. Não se trata de juros remuneratórios ou moratórios, mas da reposição do valor para compensar a perda de seu poder aquisitivo.

Criada na década de 1960, o propósito da correção monetária é justamente compensar a inflação, fenômeno econômico que ocorre quando os preços de bens e serviços aumentam de forma generalizada, levando à diminuição do poder de compra, ou seja, uma mesma quantia em dinheiro passa a comprar menos.

Assim, por exemplo, um valor sentenciado em 2020 cujo pagamento será efetuado cinco anos depois deverá ser atualizado monetariamente para ter o mesmo poder de compra.

No Brasil, a correção monetária é regulamentada pela Lei n. 6.899, de 8 de abril de 1981, de acordo com a correção monetária deve ser aplicada a todos os contratos, salvo se houver previsão em contrário (Brasil, 1981). O art. 1º da referida lei determina:

> Art. 1º A correção monetária incide sobre qualquer débito resultante de decisão judicial, inclusive sobre custas e honorários advocatícios.
>
> § 1º Nas execuções de títulos de dívida líquida e certa, a correção será calculada a contar do respectivo vencimento.
>
> § 2º Nos demais casos, o cálculo far-se-á a partir do ajuizamento da ação.
> (Brasil, 1981)

Como vemos pelo texto legal, primeiro se corrige o valor, depois se calculam os honorários advocatícios sobre o valor corrigido.

Nos parágrafos 1º e 2º do referido artigo, a lei define a data inicial para a correção: no primeiro caso, desde o vencimento do valor; nos demais, a partir da data do ajuizamento da ação. Normalmente, esses parâmetros estão na sentença do juiz, pois não cabem ao perito interpretações de como deve fazer o cálculo.

Os advogados devem consultar os assistentes técnicos para verificar se todos os parâmetros para os cálculos estão contemplados na sentença. Caso não estejam especificados, o advogado deverá entrar com embargos de declaração para solicitá-los ao juiz, a fim de evitar que o perito faça o cálculo conforme sua interpretação, diferente da intepretação dos assistentes técnicos. Caso essa divergência aconteça, poderá ter início uma discussão no processo que adiará mais ainda a solução.

Os índices de correção monetária mais utilizados no Brasil são o Índice Nacional de Preços ao Consumidor Amplo (IPCA) e o Índice Geral de Preços – Mercado (IGP-M). O IPCA é calculado pelo Instituto Brasileiro de Geografia e Estatística (IBGE) e mede a inflação oficial do país. O IGP-M é calculado pela Fundação Getulio Vargas (FGV) e é um índice mais amplo, pois inclui preços de bens e de serviços de vários setores da economia.

No sistema judiciário, são utilizados outros inúmeros índices de correção monetária, como o Índice Nacional de Preços ao Consumidor (INPC), o Índice Geral de Preços – Disponibilidade Interna (IGP-DI) ou a média do INPC e do IGP-DI. Cada tribunal tem sua tabela de índices de atualização monetária, conforme o tipo de ação: se ação é civil, usa-se uma tabela; se a ação é de precatórios, usa-se outra.

Além dos já citados, há vários outros índices de correção monetária que são utilizados, como:

- Índices de preços e custos:
  - Índice Nacional de Custo da Construção (INCC)
  - Custo Unitário Básico de Construção (CUB)
- Índices do mercado financeiro:
  - Certificado de Depósito Bancário (CDB)
  - Certificado de Depósito Interbancário (CDI)
  - Taxa de Juros de Longo Prazo (TJLP)
  - Taxa básica de juros brasileira, com base no Sistema Especial de Liquidação e de Custódia (Selic)
  - Taxa Referencial (TR)

Preste atenção!

Cada tribunal costuma utilizar um índice e, às vezes, mais de um, conforme o tipo de processo: no Tribunal de Justiça do Paraná (TJPR), por exemplo, costuma-se usar a média do IGP/INPC para a maioria dos cálculos e o IPCA-E (Série Especial) no caso de precatórios; no Tribunal de Justiça de Santa Catarina (TJSC), há uma tabela própria, com base no INPC; nos *sites* da Justiça Federal e da Justiça do Trabalho, estão disponíveis os manuais que devem ser seguidos para os cálculos judiciais. É preciso, portanto, consultar o tribunal em que o processo está correndo para verificar qual é o índice utilizado.

O cálculo da correção monetária é feito multiplicando-se o valor original pelo fator de correção, que é calculado com base em um índice ou em um percentual.

Por exemplo, se um valor de R$ 1.000,00 for corrigido pelo IPCA de 10%, o valor corrigido será de R$ 1.100,00.

Parece fácil, não é mesmo? E quando houver vários meses para achar esse índice?

Para o cálculo de vários meses, selecionamos as informações do percentual do fator escolhido que queremos utilizar, tal como exemplificamos na Tabela 2.1.

Observe que, na tabela, estamos trabalhando com o índice INPC-IBGE, de 1º de janeiro de 2023 até 1º de dezembro de 2023, com os percentuais de variação mensal, calculados *pro-rata die*, ou seja, proporcional ao dia. Essa expressão latina é empregada na matemática financeira para informar que o índice será utilizado conforme o número de dias, e não considerando mês fechado. Em outras palavras, será proporcional.

Por exemplo, de 1º de janeiro de 2023 a 1º de fevereiro de 2023, temos exatamente um mês e o percentual é de 0,46%. Mas, se formos atualizar desde o dia 12 de janeiro de 2023 até 1º de fevereiro de 2023, teremos 20 dias; portanto, o primeiro valor da tabela seria de 0,30% no lugar de 0,46%. Temos de receber o valor de R$ 1.000,00 em 12 de janeiro de 2023, correto?

Tabela 2.1 – Atualização de valores – variação no período

Dados para cálculo		
Indexador e metodologia de cálculo: INPC-IBGE, calculado *pro-rata die*		
Período da correção: 01/01/2023 a 01/12/2023		
Periodicidade: mensal		
Termo inicial	**Termo final**	**Variação do período[1]**
01/01/2023	01/02/2023	0,46 %
01/02/2023	01/03/2023	0,77 %
01/03/2023	01/04/2023	0,64 %
01/04/2023	01/05/2023	0,53 %
01/05/2023	01/06/2023	0,36 %
01/06/2023	01/07/2023	−0,10 %
01/07/2023	01/08/2023	−0,09 %
01/08/2023	01/09/2023	0,20 %
01/09/2023	01/10/2023	0,11 %
01/10/2023	01/11/2023	0,12 %
01/11/2023	01/12/2023	0,10 %

---

1 Os dados sobre o INPC podem ser obtidos no *site* do IBGE.

O pagamento, no entanto, foi feito somente no mês de dezembro, em 1º de dezembro de 2023. Nesse caso, qual será o valor a receber?

Como exemplificado na Tabela 2.2, a seguir, teremos de calcular mês a mês, ou seja, R$ 1.000,00 por 0,2965%, que foi a variação do período. O resultado será R$ 1.002,97 e assim sucessivamente, mês a mês. No final do período, teremos R$ 1.029,72.

Tabela 2.2 – Atualização de valores *pro-rata die*

Valor inicial: R$ 1.000,00
Data inicial: 12/01/2023
Data final: 01/12/2023
Periodicidade: Mensal
Metodologia de cálculo: *pro-rata die*

	INPC/IBGE		
Termo inicial	Termo final	Variação do período em %	Valor
12/01/2023	01/02/2023	0,2965	R$ 1.002,97
01/02/2023	01/03/2023	0,7700	R$ 1.010,69
01/03/2023	01/04/2023	0,6400	R$ 1.017,16
01/04/2023	01/05/2023	0,5300	R$ 1.022,55
01/05/2023	01/06/2023	0,3600 (%)	R$ 1.026,23
01/06/2023	01/07/2023	−0,1000	R$ 1.025,20
01/07/2023	01/08/2023	−0,0900	R$ 1.024,28
01/08/2023	01/09/2023	0,2000	R$ 1.026,33
01/09/2023	01/10/2023	0,1100	R$ 1.027,46
01/10/2023	01/11/2023	0,1200	R$ 1.028,69
01/11/2023	01/12/2023	0,1000	R$ 1.029,72

Outra maneira mais fácil e mais rápida é fazer a correção pelo índice acumulado. Para sabermos esse índice, dividimos o valor da variação do período (sem o símbolo %) por 100 e somamos mais 1 (0,2965/100 + 1 = 1,002965).

Fazemos esse cálculo mês a mês, depois colocamos o número 1 abaixo da coluna "Índice acumulado do período" e multiplicamos um pelo outro, conforme exemplificado na Tabela 2.3.

Tabela 2.3 – Atualização de valores *pro-rata die* com índice acumulado

Valor inicial: R$ 1.000,00				
Data inicial: 12/01/2023				
Data final: 01/12/2023				
Periodicidade: mensal				
Metodologia de cálculo: *pro-rata die*				
Termo inicial	Termo final	Variação do período	= Variação do período / 100 + 1	Índice acumulado do período
12/01/2023	01/02/2023	0,2965	1,002965	1,029719
01/02/2023	01/03/2023	0,7700	1,007700	1,026674
01/03/2023	01/04/2023	0,6400	1,006400	1,018830
01/04/2023	01/05/2023	0,5300	1,005300	1,012350
01/05/2023	01/06/2023	0,3600	1,003600	1,007013
01/06/2023	01/07/2023	−0,1000	0,999000	1,003401
01/07/2023	01/08/2023	−0,0900	0,999100	1,004405
01/08/2023	01/09/2023	0,2000	1,002000	1,005310
01/09/2023	01/10/2023	0,1100	1,001100	1,003304
01/10/2023	01/11/2023	0,1200	1,001200	1,002201
01/11/2023	01/12/2023	0,1000	1,001000	1,001000
				1,000000

Veja que o índice acumulado do período é de 1,029719. Para saber quanto R$ 1.000,00 de 12/01/2023 valem em 01/12/2023, é só fazer a multiplicação: = 1.000,00 * 1029719 = 1.029,72.

Podemos perceber, portanto, que a correção monetária é uma ferramenta necessária para proteger o poder de compra do dinheiro e garantir que os contratos sejam cumpridos de forma justa, sendo também importante para a estabilidade econômica, pois ajuda a evitar distorções nos valores monetários e garante que as transações financeiras reflitam o valor real do dinheiro. Sem ela, a inflação poderia corroer o valor dos ativos e dos passivos, causando prejuízos significativos para indivíduos e empresas.

Apesar de sua importância, o cálculo e a aplicação da correção monetária podem ser complexos, especialmente em períodos de alta inflação ou de mudanças frequentes nos índices de preços. Além disso, a escolha do índice de preços adequado é essencial para garantir a correção justa e precisa.

2.2 Juros compensatórios ou remuneratórios

Os juros remuneratórios são a compensação pelo capital emprestado, por isso também são chamados de *juros compensatórios*, uma forma de remuneração pelo uso do capital alheio. Eles são cobrados quando uma pessoa ou uma empresa empresta dinheiro ou outro recurso fungível, como mercadorias, e espera receber uma compensação pelo tempo em que o capital ficou à disposição do devedor.

Por exemplo, o cliente bancário tem um capital sobrando, vai ao banco e aplica esse valor na poupança, no CDB ou em outro investimento, recebendo juros remuneratórios. Outro cliente, por sua vez, precisa de um valor emprestado, vai ao banco, faz um empréstimo e, por isso, além do capital, paga um valor de juros remuneratórios ao banco.

Consideremos o valor de R$ 200.000,00 emprestado do banco para pagamento em 24 vezes, a uma taxa de juros remuneratórios de 2,2% a.m. A parcela mensal será de R$ 10.815,30, totalizando R$ 259.567,29 ao fim dos 24 meses.

Calculamos esses juros pela Tabela Price, um método de amortização de que trataremos mais à frente.

A diferença entre o capital inicial – R$ 200.000,00 – e o total do financiamento – R$ 259.567,29 – é de R$ 59.567,29, que representa os juros remuneratórios, conforme indicado na Tabela 2.4.

A fórmula para esse cálculo é:

$$P = K \cdot \frac{(1+i)^n \cdot i}{(1+i)^n - 1}$$

Em que:

- P = prestação
- K = valor financiado
- i = taxa de juros mensal
- n = prazo de amortização

Tabela 2.4 – Cálculo de juros com base na Tabela Price

Valor financiado: R$ 200.000,00				
Juros mensais: 2,200%				
Meses de amortização: 24				
Parcela mensal: R$ 10.815,30				
Parcela	Data	Juros (em R$)	Parcela (em R$)	Saldo (em R$)
0				−200.000,00
1	05/12/2016	−4.400,00	10.815,30	−193.584,70
2	05/01/2017	−4.258,86	10.815,30	−187.028,26

(continua)

(Tabela 2.4 – conclusão)

Valor financiado: R$ 200.000,00				
Juros mensais: 2,200%				
Meses de amortização: 24				
Parcela mensal: R$ 10.815,30				
Parcela	Data	Juros (em R$)	Parcela (em R$)	Saldo (em R$)
3	05/02/2017	–4.114,62	10.815,30	–180.327,57
4	05/03/2017	–3.967,21	10.815,30	–173.479,48
5	05/04/2017	–3.816,55	10.815,30	–166.480,72
6	05/05/2017	–3.662,58	10.815,30	–159.327,99
7	05/06/2017	–3.505,22	10.815,30	–152.017,91
8	05/07/2017	–3.344,39	10.815,30	–144.547,00
9	05/08/2017	–3.180,03	10.815,30	–136.911,73
10	05/09/2017	–3.012,06	10.815,30	–129.108,48
11	05/10/2017	–2.840,39	10.815,30	–121.133,56
12	05/11/2017	–2.664,94	10.815,30	–112.983,20
13	05/12/2017	–2.485,63	10.815,30	–104.653,53
14	05/01/2018	–2.302,38	10.815,30	–96.140,60
15	05/02/2018	–2.115,09	10.815,30	–87.440,39
16	05/03/2018	–1.923,69	10.815,30	–78.548,77
17	05/04/2018	–1.728,07	10.815,30	–69.461,54
18	05/05/2018	–1.528,15	10.815,30	–60.174,39
19	05/06/2018	–1.323,84	10.815,30	–50.682,93
20	05/07/2018	–1.115,02	10.815,30	–40.982,65
21	05/08/2018	–901,62	10.815,30	–31.068,96
22	05/09/2018	–683,52	10.815,30	–20.937,17
23	05/10/2018	–460,62	10.815,30	–10.582,49
24	05/11/2018	–232,81	10.815,30	R$ 0,00
Totais		–59.567,29	259.567,29	
			Total das parcelas	R$ 259.567,29
			Juros incidentes	R$ 59.567,29
				R$ 200.000,00

Os juros compensatórios têm as seguintes características:

- **Natureza remuneratória**: diferentemente do que ocorre com os juros moratórios, que são uma penalidade pelo atraso no pagamento, os juros compensatórios são uma remuneração pelo empréstimo do capital. Eles refletem o custo de oportunidade do credor, que poderia ter utilizado o capital de outra forma.

- **Incidência**: os juros compensatórios começam a incidir desde o momento em que o capital é disponibilizado ao devedor até o momento do pagamento. Eles são acordados no início do contrato e são aplicáveis durante todo o período de utilização do capital.
- **Base legal**: no Brasil, a cobrança de juros compensatórios é regulada pelo Código Civil, instituído pela Lei n. 10.406, de 10 de janeiro de 2002, que permite sua estipulação em contratos, desde que respeitados os limites legais (Brasil, 2002). O Decreto n. 22.626, de 7 de abril de 1933, conhecido como *Lei da Usura*, estabelece um limite de 12% ao ano, salvo exceções específicas (Brasil, 1933). Lembramos que os juros no Brasil não são regulados, isto é, são de livre negociação.
- **Cálculo**: é feito com base no valor emprestado, na taxa de juros acordada e no período de utilização do capital.

Os juros compensatórios são essenciais para o funcionamento do mercado de crédito, pois incentivam os credores a emprestar dinheiro sabendo que serão remunerados pelo uso de seu capital. Eles também ajudam a equilibrar as relações contratuais, garantindo que o credor não saia prejudicado ao disponibilizar recursos, desde que a taxa de juros seja boa para os dois lados.

No Brasil, cada banco cobra os juros que considera devidos, sem que sejam abusivos, portanto eles não são controlados. O parâmetro para a abusividade é a taxa média de mercado, divulgada pelo Banco Central.

Consultando a legislação

O Decreto n. 22.626, de 7 de abril de 1933, conhecido como *Lei da Usura*, estabelece um limite de 12% ao ano, salvo exceções específicas, para os juros de contratos. Ainda em vigência, essa lei suporta a discussão sobre a capitalização de juros, se pode ou não pode ocorrer.

2.3 Juros moratórios

Os juros moratórios são uma compensação financeira cobrada do devedor em caso de atraso no pagamento de uma obrigação. Seu objetivo é indenizar o credor pelo tempo que ele ficou sem receber o valor devido, funcionando como uma espécie de penalidade pelo atraso.

O art. 407 do Código Civil determina:

> Art. 407. Ainda que se não alegue prejuízo, é obrigado o devedor aos juros da mora que se contarão assim às dívidas em dinheiro, como às prestações de outra natureza, uma vez que lhes esteja fixado o valor pecuniário por sentença judicial, arbitramento, ou acordo entre as partes. (Brasil, 2002)

Juros moratórios são aplicados, portanto, para punir o devedor por não pagar em dia suas obrigações. Vamos considerar, por exemplo, que a quarta parcela do financiamento exemplificado na Tabela 2.4, com vencimento em 05/03/2017, não foi paga no dia, mas junto com a quinta parcela, em 05/04/2017. Sobre o total dessa parcela não paga incidirá 1% de juros moratórios referente a um mês de atraso, totalizando o valor de R$ 10,81 de juros moratórios.

O art. 406 do Código Civil estabelece: "Quando não forem convencionados, ou o forem sem taxa estipulada, ou quando provierem de determinação da lei, os juros serão fixados de acordo com a taxa legal (Brasil, 2002). Como já destacamos, cada processo é único, e o percentual de juros moratórios deve estar na sentença do processo, determinado pelo juiz.

Os juros moratórios têm as seguintes características:

- **Natureza compensatória**: os juros moratórios compensam o credor pelo atraso no recebimento do pagamento. Eles são devidos independentemente de o credor ter sofrido prejuízo efetivo, bastando o simples atraso para que sejam aplicados.
- **Base legal**: no Brasil, a taxa de juros moratórios é regulada pelo Código Civil, que estabelece um limite máximo de 1% ao mês, salvo disposição contratual em contrário. Em alguns casos específicos, como no crédito rural, essa taxa pode ser diferente.
- **Cálculo**: é feito com base no valor da dívida e no período de atraso. Por exemplo, se uma dívida de R$ 1.000,00 está atrasada por 30 dias, com uma taxa de juros de 1% ao mês, os juros moratórios seriam de R$ 10,00.
- **Aplicação**: são aplicáveis a diversos tipos de obrigações, incluindo contratos de empréstimo, aluguéis, compras a prazo, entre outros. Eles começam a incidir a partir do momento em que a obrigação não é cumprida no prazo estipulado.

Como podemos concluir, os juros moratórios também desempenham papel importante na economia porque incentivam o cumprimento pontual das obrigações financeiras, ajudando a manter a disciplina nos pagamentos e a evitar a inadimplência, e garantem que os credores sejam compensados pelo atraso. Além disso, ajudam a manter a confiança nas transações financeiras e a estabilidade econômica.

Preste atenção!

Juros moratórios são diferentes de juros remuneratórios. Os juros moratórios são cobrados pelo atraso no pagamento, e os juros remuneratórios são cobrados pelo uso do capital emprestado durante o período acordado. Os juros remuneratórios são uma forma de remuneração pelo empréstimo do dinheiro, enquanto os juros moratórios são uma penalidade pelo atraso.

2.4 Juros simples e juros compostos

Saber como calcular juros simples e juros compostos é importante para compreender os métodos de amortização, como veremos em capítulo posterior. Os juros simples são uma forma de calcular o acréscimo sobre um valor inicial (capital), ao longo de um período de tempo, utilizando uma taxa de juros fixa. Esse método é bastante objetivo e amplamente empregado em situações financeiras de curto e de longo prazo.

Por exemplo, o valor de R$ 500,00 para pagamento em dez vezes, com juros de 4,50% a.m., terá o valor dos juros simples de R$ 22,50 mês a mês, conforme a Tabela 2.5. Os juros têm sempre o mesmo valor porque foram calculados sobre o valor inicial.

A fórmula para o cálculo dos juros simples é:

$$J = C \cdot i \cdot t$$

Em que:

- J = juros
- C = capital inicial
- i = taxa de juros aplicada (a porcentagem que será acrescida a cada período)
- t = tempo de transação

$$J = 500 \cdot 0,045 \cdot 10$$
$$J = 225$$

Tabela 2.5 – Cálculo de juros simples para um empréstimo de R$ 500,00

Parcela	Data	Juros (%)	Valor dos juros (em R$)	Saldo dos juros (em R$)
1	05/01/2023	4,5	22,50	22,50
2	05/02/2023	4,5	22,50	45,00
3	05/03/2023	4,5	22,50	67,50
4	05/04/2023	4,5	22,50	90,00
5	05/05/2023	4,5	22,50	112,50
6	05/06/2023	4,5	22,50	135,00
7	05/07/2023	4,5	22,50	157,50
8	05/08/2023	4,5	22,50	180,00
9	05/09/2023	4,5	22,50	202,50
10	05/10/2023	4,5	22,50	225,00
Totais			**225,00**	

Já os juros compostos serão calculados sobre o principal mais os juros do mês anterior, ou seja, eles não terão o mesmo valor. Eles são progressivos porque a base de cálculo vai aumentando com a soma dos juros ao principal.

A fórmula para o cálculo dos juros composto é:

$$C \cdot (1 + i)t = M$$

Em que:

- C = capital inicial
- i = taxa de juros compostos, em porcentagem
- t = períodos transcorridos
- M = montante

Por exemplo, um valor de R$ 500,00 para pagamento em 10 vezes, com juros de 4,5% a.m., terá R$ 276,48 de juros compostos, como descrito a seguir:

$$500,00 \cdot (1 + 0,045) \cdot 10 = M$$
$$500 \cdot 1,552969422 = M$$
$$M = 776,48$$

O montante é o capital mais os juros, portanto o montante será de R$ 776,48, como descrito também na Tabela 2.6.

Tabela 2.6 – Cálculo dos juros compostos para um empréstimo de R$ 500,00

Parcela	Data	Taxa de juros (%)	Valor dos juros (em R$)	Saldo (em R$)
1	05/01/2023	4,5	22,50	522,50
2	05/02/2023	4,5	23,51	546,01
3	05/03/2023	4,5	24,57	570,58
4	05/04/2023	4,5	25,68	596,26
5	05/05/2023	4,5	26,83	623,09
6	05/06/2023	4,5	28,04	651,13
7	05/07/2023	4,5	29,30	680,43
8	05/08/2023	4,5	30,62	711,05
9	05/09/2023	4,5	32,00	743,05
10	05/10/2023	4,5	33,44	776,48
Totais			276,48	

Ressaltamos que os juros não têm sempre o mesmo valor porque foram calculados sobre o valor inicial mais os juros do mês anterior.

> **IMPORTANTE!**
>
> Em laudos periciais ou pareceres periciais, deve sempre constar o valor em numeral seguido do valor escrito por extenso. Caso o numeral esteja diferente do extenso, é este último que vale como verdadeiro.

2.5 A prática da correção monetária e dos juros

É importante obedecer aos parâmetros de cálculos determinados na sentença, pois, se assim for feito, qualquer profissional que for analisar e/ou criticar chegará ao mesmo resultado.

Uma vez nomeado pelo juiz para fazer o cálculo da liquidação da sentença, o perito encontrará redação semelhante a estas:

- CONDENAR o réu à repetição dos valores apurados a maior, de forma simples, corrigidos monetariamente pela média dos índices INPC e IGP-DI a partir das datas dos efetivos pagamentos pelo requerente, e acrescidos de juros de mora de 1% (um por cento) ao mês, estes contados a partir da citação do réu, tudo a ser calculado em fase de liquidação de sentença. A apuração dos valores devidos far-se-á por liquidação por arbitramento, nos termos do art. 509, inciso I, do Código de Processo Civil.
- CONDENO o autor ao pagamento de 70% e o réu ao pagamento de 30% das custas e despesas processuais, bem como de honorários advocatícios, que fixo em 10% (dez por cento) sobre o valor da condenação, considerando a condição de vencedor e vencido, em parte, de cada litigante e natureza da causa, o local de prestação de serviços e o trabalho efetivamente realizado, nos termos dos arts. 85, parágrafo 2º, e 86, ambos do Código de Processo Civil.

Como sabemos, "repetição dos valores apurados a maior", ou repetição de indébitos, significa que o réu da ação deverá devolver o valor apurado de forma simples; em algumas sentenças, pode ser em dobro.

Para podermos fazer o cálculo do que foi determinado no primeiro caso, precisamos dos seguintes dados:

a) os valores pagos a maior e a data deles;
b) a tabela do INPC e do IGP-DI (igual à tabela do TJPR), para fazer a média;
c) a data da citação do réu para o cálculo dos juros de 1% a.m.;
d) determinações do art. 509, inciso I, do Código de Processo Civil (CPC).

Na Tabela 2.7, listamos valores hipotéticos para exemplificar como deve ser esse cálculo.

Tabela 2.7 – Diferença e data dos valores pagos e devidos

Data	Valor pago (em R$)	Valor devido (em R$)	Valor a restituir (em R$)
23/05/2022	35.781,50	18.698,00	17.083,50
29/06/2022	27.039,07	5.000,00	22.039,07
28/07/2022	31.118,20	16.589,00	14.529,20
26/08/2022	25.489,00	25.000,00	489,00
29/09/2022	28.502,44	18.524,00	9.978,44
22/10/2022	35.269,00	15.300,00	19.969,00
	183.199,21	99.111,00	84.088,21

Com base na Tabela 2.7, temos o primeiro passo: o valor de R$ 183.199,21 foi o total pago, mas o valor correto que deveria ter sido pago é R$ 99.111,00; portanto, o valor de R$ 84.088,21 deve ser restituído.

Para calcularmos a média dos índices INPC e IGP-DI, devemos somar os dois valores e dividir por 2 (média aritmética, como exemplificado na Tabela 2.8). Vamos considerar, como exemplo, a data inicial de 23 de junho de 2022 e a data final de 01 de dezembro de 2023, periodicidade mensal e metodologia de cálculo *pro-rata die*.

Tabela 2.8 – Média dos índices acumulados

Termo inicial	Termo final	Índice IGP-DI Variação do período (%)	Índice INPC/IBGE Variação do período (%)	Média IGP-DI e INPC/IBGE Variação do período (%)	Transformação em índice acumulado		Acumulado
					% sem o sinal	= Índice /100 + 1	
23/06/2022	01/07/2022	0,1650	0,1650	0,1650	0,1650	1,001650	0,985824
01/07/2022	01/08/2022	−0,3800	−0,6000	−0,4900	−0,4900	0,995100	0,984200
01/08/2022	01/09/2022	−0,5500	−0,3100	−0,4300	−0,4300	0,995700	0,989046
01/09/2022	01/10/2022	−1,2200	−0,3200	−0,7700	−0,7700	0,992300	0,993318
01/10/2022	01/11/2022	−0,6200	0,4700	−0,0750	−0,0750	0,999250	1,001026
01/11/2022	01/12/2022	−0,1800	0,3800	0,1000	0,1000	1,001000	1,001777
01/12/2022	01/01/2023	0,3100	0,6900	0,5000	0,5000	1,005000	1,000776
01/01/2023	01/02/2023	0,0600	0,4600	0,2600	0,2600	1,002600	0,995797
01/02/2023	01/03/2023	0,0400	0,7700	0,4050	0,4050	1,004050	0,993215
01/03/2023	01/04/2023	−0,3400	0,6400	0,1500	0,1500	1,001500	0,989208
01/04/2023	01/05/2023	−1,0100	0,5300	−0,2400	−0,2400	0,997600	0,987727
01/05/2023	01/06/2023	−2,3300	0,3600	−0,9850	−0,9850	0,990150	0,990103
01/06/2023	01/07/2023	−1,4500	−0,1000	−0,7750	−0,7750	0,992250	0,999953
01/07/2023	01/08/2023	−0,4000	−0,0900	−0,2450	−0,2450	0,997550	1,007763
01/08/2023	01/09/2023	0,0500	0,2000	0,1250	0,1250	1,001250	1,010238
01/09/2023	01/10/2023	0,4500	0,1100	0,2800	0,2800	1,002800	1,008977
01/10/2023	01/11/2023	0,5100	0,1200	0,3150	0,3150	1,003150	1,006159
01/11/2023	01/12/2023	0,5000	0,1000	0,3000	0,3000	1,003000	1,003000

Como a primeira data da tabela dos valores é 23/06/2022, temos de pagar o índice do mês 05/2022, sempre um mês antes da data do primeiro desembolso até a data do laudo, que vamos considerar como 01/12/2023.

Para o cálculo dos juros de 1% a.m., precisamos considerar a data de citação do réu, que, no processo em questão, é próxima da data de contestação do réu. Antes dessa peça processual, há um aviso de recebimento (AR) dos Correios com a data do recebimento e a data da juntada do AR nos autos. Para fazer corretamente a contagem do prazo, a fim de que o advogado do réu faça sua manifestação ou contestação, é preciso excluir o dia do começo – no caso, a data da juntada do AR – e incluir o dia do vencimento. Vamos considerar como a data da juntada do AR nos autos o dia 01/11/2022.

Vamos calcular os juros de mora de 1% a.m. de forma simples, de 01/11/2022 até 01/12/2023. Para calcular, basta diminuir a data maior pela data menor e dividir por 30, pois é 1% a.m.

O art. 509, inciso I, do CPC estabelece:

> Art. 509. Quando a sentença condenar ao pagamento de quantia ilíquida, proceder-se-á à sua liquidação, a requerimento do credor ou do devedor:
>
> I – Por arbitramento, quando determinado pela sentença, convencionado pelas partes ou exigido pela natureza do objeto da liquidação [...]. (Brasil, 2015)

O artigo citado determina, portanto, que, para chegarmos ao valor a pagar – ainda desconhecido porque sabemos os valores pagos, mas ainda sem a correção e os juros –, uma das partes (autor ou réu) pode apresentar os cálculos ou o juiz pode determinar. Quando o juiz determina, chamamos de *arbitramento*.

Com todos os dados necessários, podemos fazer os cálculos, como exemplificamos na Tabela 2.9.

Tabela 2.9 – Cálculo de atualização de valores

Data	Valor pago	Valor depositado	Valor a restituir	Índice de reajuste – INPC	Valor reajustado	% Mora de 1% a.m.	Valor dos juros de mora	Valor atualizado mais juros
23/05/2022	35.781,50	18.698,00	17.083,50	0,985824	16.841,32	3,36%	566,32	17.407,64
29/06/2022	27.039,07	5.000,00	22.039,07	0,984200	21.690,85	3,36%	729,39	22.420,25
28/07/2022	31.118,20	16.589,00	14.529,20	0,989046	14.370,05	3,36%	483,22	14.853,27
26/08/2022	25.489,00	25.000,00	489,00	0,993318	485,73	3,36%	16,33	502,07
29/09/2022	28.502,44	18.524,00	9.978,44	1,001026	9.988,67	3,36%	335,89	10.324,56
22/10/2022	35.269,00	15.300,00	19.969,00	1,001777	20.004,48	3,36%	672,69	20.677,17
	183.199,21	99.111,00	84.088,21		83.381,12		2.803,84	86.184,96

Pela Tabela 2.9, notamos que, em vez dos R$ 183.199,21 pagos, o valor correto é R$ 99.111,00; portanto, é preciso restituir o valor de R$ 84.088,21. Corrigido mês a mês desde a data do desembolso até a data do laudo pericial pela média do IGP-DI e INPC/IBGE, esse valor é de R$ 83.381,12, sobre o qual calculamos os juros de mora de 1% a.m. desde a data da citação até a data do laudo, ou seja, R$ 2.803,84. Assim, o valor total a restituir é de R$ 86.184,96.

A data do laudo é, na maioria das vezes, próxima à data de entrega dele, a menos que a sentença judicial determine outra data específica. Isso pode ocorrer, por exemplo, quando já existe um cálculo anterior no processo e o juiz deseja que o novo cálculo seja feito para a mesma data.

Como observamos, inicialmente o valor a restituir era de R$ 84.088,21, mas diminuiu para R$ 83.381,12 depois de atualizado, porque a variação do índice aplicado foi negativa em algum mês ou meses.

Como listamos na Tabela 2.8, em sete meses o índice foi negativo.

Agora, devemos inserir esses cálculos no processo por meio de um laudo pericial, no qual vamos nos dirigir ao juízo da vara que nos nomeou. Nesse laudo, identificamos o processo com o número e o nome das partes, o autor e o réu, identificamo-nos como peritos do juízo, informamos o objetivo do laudo pericial e a metodologia utilizada e explicamos como calculamos os valores indicados. Basicamente, informamos os parâmetros que utilizamos, conforme a sentença do processo, respondendo aos quesitos das partes, se houver, e apresentamos a conclusão.

Todos esses passos do laudo pericial são uma exigência da lei, como descrito no art. 473 do CPC:

> I – A exposição do objeto da perícia;
>
> II – A análise técnica ou científica realizada pelo perito;
>
> III – a indicação do método utilizado, esclarecendo-o e demonstrando ser predominantemente aceito pelos especialistas da área do conhecimento da qual se originou;
>
> IV – Resposta conclusiva a todos os quesitos apresentados pelo juiz, pelas partes e pelo órgão do Ministério Público.
>
> § 1º No laudo, o perito deve apresentar sua fundamentação em linguagem simples e com coerência lógica, indicando como alcançou suas conclusões.

§ 2º É vedado ao perito ultrapassar os limites de sua designação, bem como emitir opiniões pessoais que excedam o exame técnico ou científico do objeto da perícia.

§ 3º Para o desempenho de sua função, o perito e os assistentes técnicos podem valer-se de todos os meios necessários, ouvindo testemunhas, obtendo informações, solicitando documentos que estejam em poder da parte, de terceiros ou em repartições públicas, bem como instruir o laudo com planilhas, mapas, plantas, desenhos, fotografias ou outros elementos necessários ao esclarecimento do objeto da perícia. (Brasil, 2015)

A precisão e a clareza são fundamentais em um laudo pericial. O perito deve garantir que todas as informações sejam apresentadas de maneira transparente e que os cálculos sejam verificáveis. Isso não apenas fortalece a credibilidade do laudo, mas também facilita a compreensão por parte do juiz e das partes envolvidas no processo.

Uma vez protocolado via sistema, nos autos, o juiz despachará para que as partes falem sobre o laudo no prazo de 15 dias.

Nesse momento do processo, os assistentes técnicos das partes verificarão se o cálculo está conforme a sentença, se não está fora da metodologia utilizada, entre outras críticas. Caso os assistentes técnicos tenham dúvidas, questionarão o laudo e farão perguntas (quesitos) para o perito responder.

Há dois tipos de quesitos: 1) os complementares e 2) os suplementares. Os **quesitos complementares** são dúvidas sobre o que já foi escrito no laudo pericial e, nesse caso, é obrigação do perito respondê-las, sem cobrança de novos honorários. Os **quesitos suplementares** são novas perguntas que os assistentes das partes fazem para o perito. Nesse segundo caso, o perito pode pedir complemento de honorários, pois, quando apresentou sua proposta, esses quesitos não estavam nos autos.

É importante ressaltar que as críticas devem ser feitas ao laudo pericial, não ao perito do juízo. Muitas vezes, os parâmetros para os cálculos não estão indicados na sentença, o que leva o perito a utilizar o parâmetro que considera certo. As partes, entretanto, questionam e, por isso, o processo vai se arrastando.

Os advogados precisam reconhecer a importância de contratar assistentes técnicos para que, no momento da sentença, estes indiquem se os parâmetros necessários para fazer os cálculos estão na sentença. Assim, caso não estejam, o advogado pode entrar com embargos, solicitando os parâmetros faltantes ao juiz, o que agiliza o andamento processual.

PARA SABER MAIS

FARIA, C. C. **O contrato de mútuo**: os juros moratórios e os juros remuneratórios. 89 f. Dissertação (Mestrado em Solicitadoria) – Escola Superior de Tecnologia e Gestão, Porto, 2013-2014. Disponível em: <https://recipp.ipp.pt/bitstream/10400.22/6404/1/DM_CindyFaria_MSOL2014.pdf>. Acesso em: 17 out. 2024.

A leitura dessa dissertação possibilitará conhecer um tipo de contrato bancário e sua relação com os juros moratórios e os juros remuneratórios. A solicitadoria é a área do direito que trata das relações jurídicas entre as pessoas e entre as pessoas e a administração pública e os órgãos a ela relacionados.

LEITE, F. C. A. Regime jurídico de aplicação dos juros moratórios previstos no Código Civil. **Consultor Jurídico**, 23 nov. 2022. Disponível em: <https://www.conjur.com.br/2022-nov-23/fabricio-leite-juros-moratorios-previstos-codigo-civil/>. Acesso em: 17 out. 2024.

Advogado com experiência na área financeira, o autor trata dos juros moratórios previstos no Código Civil e o desconhecimento do cidadão comum a respeito de sua aplicação, por meio de uma abordagem bem interessante.

MIGALHAS. **STJ**: Em citação por correio, prazo começa no dia útil seguinte ao AR. 19 out. 2022. Disponível em: <https://www.migalhas.com.br/quentes/375553/stj-em-citacao-por-correio-prazo-comeca-no-dia-util-seguinte-ao-ar>. Acesso em: 17 out. 2024.

Em texto breve, podemos conhecer o entendimento da 3ª Turma do Superior Tribunal de Justiça (STJ) sobre o prazo processual e a forma correta de sua contagem.

TAKAMATSU, R. T.; LAMOUNIER, W. M. A importância da atualização monetária de valores para a análise das demonstrações financeiras. **Contabilidade Vista & Revista**, v. 17, n. 2, p. 67-87, abr./ jun. 2006. Disponível em: <https://www.redalyc.org/pdf/1970/197014750005.pdf>. Acesso em: 29 out. 2024.

Como anuncia o título, o texto trata da importância da atualização monetária de valores correntes e de sua aplicação na análise das demonstrações financeiras.

Síntese

Neste capítulo, explicamos que a correção monetária é a atualização de um valor de um tempo atrás para o momento atual. Normalmente utilizada em países com uma inflação mensal alta em relação a outras nações, como é o caso do Brasil, sua finalidade é que o dinheiro não perca seu valor de compra.

Vimos também que juros compensatórios ou remuneratórios são os juros para remunerar o capital aplicado ou emprestado. Em seguida, explicamos que esses juros são pagos ao investidor que aplica seu dinheiro em produtos financeiros, como poupança ou CDB.

Previstos no Código Civil, outro tipo de juros que descrevemos foram os moratórios, aqueles para punir o devedor por não pagar em dia suas obrigações. Se uma parcela não for paga na data de vencimento, será acrescida de 1% de juros moratórios sobre o valor da parcela atrasada. Essa é a taxa máxima de acordo com o Código Civil. Explicamos também como deve ser feito o cálculo desse tipo de juros. Geralmente, o cálculo é feito com base nos dias contados desde a data da citação, conforme o aviso de recebimento (AR) no processo, até a data do laudo.

Descrevemos a fórmula dos juros simples, sempre calculados sobre o capital inicial, portanto constantes do começo ao final, e dos juros compostos, calculados sobre o capital inicial mais os juros do mês anterior, portanto sempre crescentes.

Em seguida, exemplificamos como proceder para fazer um cálculo de liquidação de sentença por arbitramento, na prática do perito econômico-financeiro. É fundamental entender que os parâmetros para esses cálculos são fornecidos na sentença do juiz, os quais devem ser seguidos rigorosamente para garantir a precisão e a conformidade do laudo pericial.

Um dos aspectos cruciais abordados é a transformação dos percentuais em um índice e sua acumulação, para corrigir um valor até o momento atual. Esse processo é essencial para ajustar os valores monetários de acordo com a inflação ou outras variações econômicas, assegurando que o montante final reflita o valor real no tempo presente. O perito deve ser meticuloso ao aplicar esses índices, utilizando fórmulas matemáticas precisas para evitar erros que possam comprometer a validade do laudo.

Como vimos, a elaboração de um cálculo de liquidação de sentença por arbitramento exige conhecimento aprofundado das normas jurídicas e das técnicas de cálculo econômico-financeiro. O perito deve ser diligente e seguir rigorosamente as diretrizes estabelecidas na sentença judicial, aplicando os índices corretos e calculando os juros de mora com precisão. A entrega do laudo pericial deve ser feita de acordo com as normas do CPC, garantindo que o documento seja claro, objetivo e compreensível.

Questões para revisão

1) Assinale a alternativa correta sobre a correção monetária:

   a. Correção monetária é para remunerar o valor devido.
   b. Correção monetária tem juros constantes.
   c. Correção monetária é para manter o valor do dinheiro no tempo.
   d. Todas as alternativas estão corretas.
   e. Nenhuma das alternativas está correta.

2) Assinale a alternativa correta em relação aos índices utilizados no Judiciário:

   a. Há um único índice utilizado nos tribunais estaduais.
   b. Há um único índice utilizado nos tribunais estaduais e federais.
   c. O mesmo índice utilizado nos tribunais estaduais é utilizado nos tribunais trabalhistas.
   d. Cada tribunal utiliza um índice próprio.
   e. Nenhuma das alternativas anteriores.

3) Assinale a alternativa correta em relação aos juros moratórios:

   a. Os juros moratórios são juros compostos.
   b. Os juros moratórios são para punir o atraso no pagamento.
   c. Os juros moratórios são os juros pelo capital emprestado.
   d. Os juros moratórios são calculados uma vez por ano.
   e. O percentual dos juros moratórios é decidido pelo banco.

4) Qual é a diferença entre juros simples e juros composto?

5) Por que utilizamos a correção monetária?

6) O que são juros remuneratórios e como eles são aplicados tanto para investidores quanto para tomadores de empréstimos?

7) Qual é a diferença entre juros remuneratórios e juros moratórios?

8) Explique como a Tabela Price é utilizada para calcular as parcelas de um empréstimo.

9) Como os juros remuneratórios são representados na Tabela Price?

10) O que são juros moratórios e em que situações eles são aplicados? Como o Código Civil brasileiro regula esse tipo de juros?

11) Como o perito deve escolher os parâmetros para o cálculo que lhe for solicitado?

12) O que é correção monetária em processos judiciais? Qual é o principal objetivo ao ser aplicada?

13) Quando se aplica a correção monetária, qual deve ser a data do cálculo?

14) Quais índices costumam ser utilizados para a correção monetária em processos judiciais no Brasil?

15) Como a correção monetária afeta o valor de uma obrigação judicial?

Questões para reflexão

1) Considerando-se que um processo é demorado por causa dos prazos processuais, a utilização da correção monetária em todos os processos é justa?

2) Por que há vários índices com o qual se pode atualizar um valor?

3) Com base no art. 473 do Código de Processo Civil de 2015, explique o que deve conter um laudo pericial e como deve ser sua redação.

4) O que é uma liquidação de sentença por arbitramento?

Conteúdos do capítulo:

- Métodos de amortização e sua aplicação.
- Capitalização de juros em métodos de amortização.
- Impugnações e suspeição do perito.
- Tipos de quesitos.

Após o estudo deste capítulo, você será capaz de:

1. aplicar métodos de amortização em um processo judicial;
2. calcular um financiamento bancário com capitalização de juros;
3. reconhecer se o método de amortização utilizado é com ou sem capitalização de juros;
4. fazer uma perícia de um contrato bancário;
5. responder aos quesitos das partes em uma perícia.

3

Como calcular o valor da dívida

3.1 Método de amortização de financiamento

A amortização de uma dívida é a "morte da dívida", ou seja, ao amortizarmos um financiamento, estamos pagando o financiamento. Os financiamentos normalmente são feitos pelos bancos que cobram um valor para emprestar o dinheiro. O devedor deve pagar o valor emprestado mais os juros cobrados. A parte do principal (valor emprestado) é a amortização.

Um método de amortização consiste em uma metodologia para calcular o valor a pagar, em parcelas, com juros remuneratórios, sobre um valor emprestado.

Segundo Moita (2002, p. 71), "amortização de um empréstimo é o processo de sua liquidação por meio de pagamentos periódicos".

Para Müller e Antonik (2013, p. 138),

> em termos financeiros, a dívida surge quando uma determinada importância é emprestada por certo período de tempo. Quem assume a dívida obriga-se a restituir o principal mais o juro devido no prazo definido. Com a finalidade de amortizar as dívidas, surgiram os sistemas de amortização ou pagamentos que já estão predefinidos. Os sistemas de amortização são critérios de pagamento dessas dívidas, geralmente a longo prazo (ou seja, anos) nos quais o devedor paga periodicamente ao credor uma parcela, (geralmente mensal), na qual está incluso o pagamento de uma parte do principal e mais um valor de juros sobre o saldo devedor da operação, além de outros elementos adicionais e acessórios.

Os elementos adicionais ou acessórios a que se referem Müller e Antonik, na citação anterior, são seguros, tarifas, impostos e/ou taxas, índice de atualização monetária e outros, acordados no contrato ou não.

Existem vários tipos de sistemas de amortização. Os mais utilizados nas operações bancárias e nos cálculos do Judiciário são: Método Francês, também conhecido como Tabela Price, Sistema de Amortização Constante (SAC), Método Linear Ponderado de Gauss (ou apenas Gauss), Sistema de Amortização Crescente (Sacre), Método de Amortização a Juros Simples (MAJS), entre outros.

O primeiro sistema que vamos descrever é a **Tabela Price**, utilizada para o cálculo de contrato com parcelas fixas, no qual um percentual dessas parcelas é para pagamento dos juros remuneratórios e outro para amortização do capital inicial.

O Sistema Price de Amortização (ou Tabela Price) é uma variante do Sistema Francês. Na realidade, este último, desenvolvido originalmente pelo matemático inglês Richard Price (1723-1791), assumiu essa denominação pelo uso amplamente generalizado na França após sua criação. Quando desenvolveu os fundamentos de sua tabela, em 1771, os objetivos de Richard Price eram opostos aos das aplicações atuais. Seu propósito era criar um sistema de rendimentos acumulados para propiciar bons fundos de pensões aos contribuintes da época. Segundo Vieira Sobrinho (2000, p. 156), a denominação *Tabela Price*

> se deve ao nome do matemático, filósofo e teólogo inglês Richard Price, [...] que incorporou a teoria dos juros compostos às amortizações de empréstimos. A denominação "Sistema Francês", pelo autor citado, deve-se ao fato de esse sistema ter-se efetivamente desenvolvido na França, no século XIX. O Sistema Francês consiste em um plano de amortização de uma dívida em prestações periódicas, iguais e sucessivas, dentro do conceito de termos vencidos, em que o valor de cada prestação é composto por duas parcelas distintas: uma de juros e outra de capital (chamada amortização).

Para o cálculo da parcela, a fórmula da Tabela Price é a soma de termos em uma progressão geométrica, como demonstrado a seguir:

$$P = PV \cdot \frac{(1+i)^n \cdot i}{(1+i)^n - 1}$$

Em que:

- P = prestação
- PV = presente valor
- n = número de parcelas
- i = taxa de juros na forma unitária

A capitalização dos juros ocorre pela progressão geométrica, ou seja, os juros são elevados ao número de parcelas (n), como na fórmula dos juros compostos.

Diferentemente do que ocorre nos juros compostos, em que os juros são calculados sobre o valor principal acrescido dos juros acumulados, nos juros simples, o número de parcelas (n) é apenas multiplicado, e não elevado a uma potência. Portanto, mesmo que se converta uma taxa de juros nominal em efetiva, não ocorre a capitalização dos juros na fórmula de cálculo da parcela.

O somatório das parcelas é o resultado do saldo devedor com juros capitalizados, isto é, juros compostos. Na Tabela Price, o tempo é uma potência; logo, não há como existir linearidade dos valores ao longo do tempo, mas uma progressão geométrica (crescente ou decrescente).

A amortização juntamente com os juros compõe o valor da parcela, que, na Tabela Price, é constante. Se a amortização tem variação exponencial crescente, consequentemente, os juros devem ter variação exponencial decrescente para que o valor da parcela permaneça o mesmo.

Na Tabela 3.1, temos um exemplo em que se considera o valor financiado de R$ 10 mil, parcelado em 10 vezes, com juros mensais de 2%.

Tabela 3.1 – Exemplo de cálculo com base na Tabela Price

Parcela	Data	Juros (em R$)	Parcela (em R$)	Amortização (em R$)	Saldo (em R$)	Juros futuros (em %)	Valor futuro (em R$)
1	05/12/2016	−200,00	1.113,27	913,27	−9.086,73	1,51	1.130,08
2	05/01/2017	−181,73	1.113,27	931,54	−8.155,20	1,34	1.128,20
3	05/02/2017	−163,10	1.113,27	950,17	−7.205,04	1,17	1.126,32
4	05/03/2017	−144,10	1.113,27	969,17	−6.235,88	1,00	1.124,44
5	05/04/2017	−124,72	1.113,27	988,55	−5.247,33	0,84	1.122,57
6	05/05/2017	−104,95	1.113,27	1.008,32	−4.239,01	0,67	1.120,71
7	05/06/2017	−84,78	1.113,27	1.028,49	−3.210,53	0,50	1.118,84
8	05/07/2017	−64,21	1.113,27	1.049,06	−2.161,47	0,33	1.116,98
9	05/08/2017	−43,23	1.113,27	1.070,04	−1.091,44	0,17	1.115,12
10	05/09/2017	−21,83	1.113,27	1.091,44	0,00	0,00	1.113,27
		−1.132,65	11.132,65	10.000,00	0,00		

As colunas "Juros futuros" e "Valor futuro" servem para ressaltar que os juros são cobrados antecipadamente por todo o período. Assim, no mês 1, há um pouco de juros de 1 a 10, e assim sucessivamente.

O segundo sistema que vamos descrever é o **Sistema de Amortização Constante (SAC)**, que tem como principal característica a parcela decrescente e a amortização fixa ao longo do período, obtida por meio da divisão do capital inicial pelo número total de parcelas.

Como explica Vieira Sobrinho (2000), visto que os juros são calculados com base no saldo devedor, o qual decresce período a período, as parcelas (somatório da amortização constante com os juros decrescentes) diminuem ao longo do tempo.

A fórmula para o método SAC é:

$$K = \frac{i(1+i)^n}{(1+i)^n - 1}$$

Em que:

- K = valor financiado
- i = taxa de juros mensal
- n = prazo de amortização

Na Tabela 3.2, apresentamos um exemplo tomando por base os mesmos dados do exemplo anterior: um valor inicial (C) hipotético de R$ 10 mil, em 10 parcelas (n), a uma taxa (i) de 2% ao período.

Tabela 3.2 – Exemplo de cálculo com base no método SAC

Parcela	Data	Saldo devedor (em R$)	Saldo devedor atualizado (em R$)	Pagamentos mensais		Prestação atualizada (em R$)
				Amortização (em R$)	Juros (em R$)	
1	05/12/2016	10.000,00	10.000,00	1.000,00	200,00	1.200,00
2	05/01/2017	9.000,00	9.000,00	1.000,00	180,00	1.180,00
3	05/02/2017	8.000,00	8.000,00	1.000,00	160,00	1.160,00
4	05/03/2017	7.000,00	7.000,00	1.000,00	140,00	1.140,00
5	05/04/2017	6.000,00	6.000,00	1.000,00	120,00	1.120,00
6	05/05/2017	5.000,00	5.000,00	1.000,00	100,00	1.100,00
7	05/06/2017	4.000,00	4.000,00	1.000,00	80,00	1.080,00
8	05/07/2017	3.000,00	3.000,00	1.000,00	60,00	1.060,00
9	05/08/2017	2.000,00	2.000,00	1.000,00	40,00	1.040,00
10	05/09/2017	1.000,00	1.000,00	1.000,00	20,00	1.020,00
				10.000,00	1.100,00	11.100,00

Ao analisarmos a Tabela 3.2, observamos, a exemplo da Price, a divisão da parcela em amortização e juros.

As 10 parcelas do SAC, calculadas de forma composta, resultam quase no mesmo valor final comparado ao valor inicial de R$ 10 mil capitalizado de forma composta, com a mesma taxa de 2% por período.

Portanto, quando o agente financiador possibilita ao tomador a escolha entre o SAC e a Price, a real diferença é reduzida unicamente à opção pelo comportamento da parcela.

O SAC e a Tabela Price são os métodos de amortização mais utilizados nesse tipo de contrato pelas instituições financeiras; os dois capitalizam juros na fórmula do cálculo da parcela, de forma composta. A diferença entre eles é que, na Tabela Price, o valor da prestação é constante do começo ao fim do contrato e, no SAC, o valor da parcela é decrescente.

No Quadro 3.1, listamos as principais diferenças entre esses dois métodos de amortização.

Quadro 3.1 – Comparativo entre a Tabela Price e o SAC

Tabela Price	SAC
Parcelas iguais do começo ao fim	Parcelas de valor decrescente – começam maiores e vão diminuindo
Amortização crescente	Amortização constante com valor fixo
Primeira prestação mais barata	Primeira prestação mais cara
Última prestação mais cara	Última prestação mais barata
Saldo devedor é reduzido mais lentamente	Saldo devedor sofre redução um pouco mais acelerada
Montante de juros maior ao fim do prazo	Montante de juros tende a ser menor ao fim do prazo

A escolha do método de amortização depende de diversos fatores, como o valor do financiamento, a capacidade de pagamento do tomador do empréstimo e o objetivo financeiro. É importante analisar cuidadosamente cada método e considerar as vantagens e as desvantagens antes de tomar uma decisão.

Por sua vez, o **Método de Amortização a Juros Simples (MAJS)** representa uma opção, dada pela matemática, para o cálculo do valor das prestações de um financiamento – capital mais juros apropriados – de forma simples.

Esse método deve ser, necessariamente, de forma simples por força normativa do art. 4º do Decreto n. 22.626, de 7 de abril de 1933 (Brasil, 1933), conhecido como *Lei da Usura*, da qual já tratamos, e funciona como uma alternativa à Tabela Price, ou outro que contenha juros capitalizados, quando se busca substituir os juros compostos, ou seja, o anatocismo, por juros simples.

O MAJS reconhece a universalidade de direito gerada pela relação jurídica, o que corrobora o art. 91 da Lei n. 10.406, de 10 de janeiro de 2002, o Código Civil: "Constitui universalidade de direito o complexo de relações jurídicas, de uma pessoa, dotadas de valor econômico" (Brasil, 2002).

Assim, segundo Sousa, Neves Júnior e Ribeiro (2020, p. 11),

> a diferença básica entre SAC e MAJS é que esta tem como premissa a incidência de juros simples sobre cada parcela de amortização, ao passo que aquele tem incidência de juros sobre o saldo devedor. Essa mudança na forma da aplicação dos juros faz com que as prestações do financiamento no MAJS sejam menores no início e maiores no final do plano de pagamento.

O cálculo no MAJS é desenvolvido da seguinte maneira:

- O valor do principal da parcela é apurado pela divisão do valor do financiamento pelo prazo do contrato.
- Mensalmente são exigidos os juros sobre o valor do principal da parcela à taxa contratada pelo prazo decorrido entre a data do contrato e o vencimento da parcela.
- Os juros sobre o saldo do principal não amortizado são calculados à taxa contratada pelo prazo decorrido entre a data do contrato e a data do cálculo.

Na Tabela 3.3, exemplificamos os cálculos nesse método com os mesmos dados das tabelas anteriores: financiamento de R$ 10 mil, em 10 parcelas, com taxa de juros a 2%

Tabela 3.3 – Exemplo de cálculo com base no MAJS

Parcela	Vencimento	Saldo devedor atualizado (em R$)	Amortização (em R$)	Juros (em R$)	Prestação atualizada (em R$)
1	10/06/2022	10.000,00	1.085,31	21,71	1.107,02
2	10/07/2022	8.914,69	1.064,44	42,58	1.107,02
3	10/08/2022	7.850,24	1.044,36	62,66	1.107,02
4	10/09/2022	6.805,88	1.025,02	82,00	1.107,02
5	10/10/2022	5.780,86	1.006,38	100,64	1.107,02
6	10/11/2022	4.774,48	988,41	118,61	1.107,02
7	10/12/2022	3.786,07	971,07	135,95	1.107,02
8	10/01/2023	2.815,00	954,33	152,69	1.107,02
9	10/02/2023	1.860,67	938,15	168,87	1.107,02
10	10/03/2023	922,52	922,52	184,50	1.107,02

Assim, em um comparativo, com o objetivo de tornar evidentes as diferenças existentes entre as duas formas de capitalização, apresentamos um exemplo simples na Tabela 4.4, resolvido de forma prática, evitando-se o uso de calculadora financeira.

Tabela 3.4 – Juros simples e juros compostos

Capitalização simples			Capitalização composta		
Base de cálculo	Juros ao final de cada período	Capital (+) juros	Base de cálculo	Juros ao final de cada período	Capital (+) juros
100,00	4,00	104,00	100,00	4,00	104,00
100,00	4,00	108,00	104,00	4,16	108,16
100,00	4,00	112,00	108,16	4,33	112,49
100,00	4,00	116,00	112,49	4,50	116,99
100,00	4,00	120,00	116,99	4,68	121,67
100,00	4,00	124,00	121,67	4,87	126,54

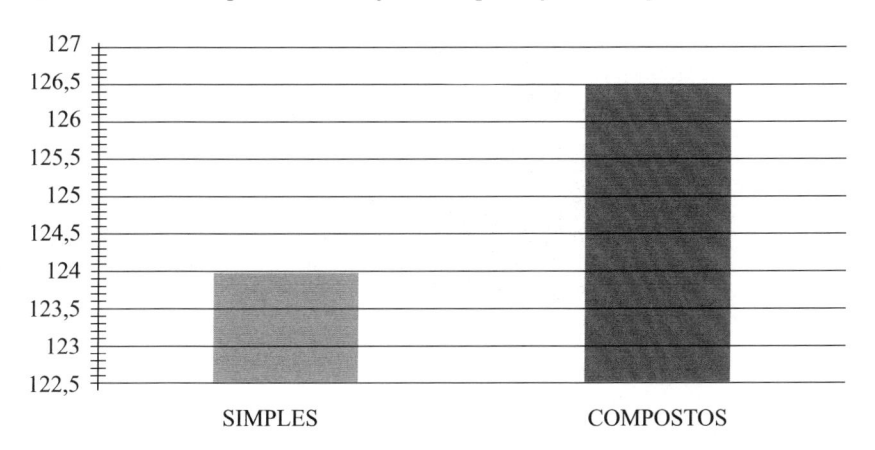

Gráfico 3.1 – Comparativo entre juros simples e juros compostos

[Gráfico de barras comparando SIMPLES (aprox. 124) e COMPOSTOS (aprox. 126,5)]

O regime de capitalização simples determina um acréscimo linear de juros ao longo dos períodos de capitalização, e a capitalização composta determina um crescimento exponencial. Por conceito rotineiro, de trânsito frequente nos meios jurídicos e econômicos, capitalizar juros implica cobrança de juros sobre juros. Em outras palavras, a capitalização ocorre quando os juros de determinado mês servem de base de cálculo para o cômputo dos juros dos meses subsequentes.

Quando são aplicados juros simples, as prestações mensais são menores. Portanto, mesmo tendo em conta que, mês a mês, a taxa de juros incide sobre o saldo de forma simples, igualmente é fato que as prestações pagas são maiores do que seriam se fossem aplicados juros simples.

A abordagem sobre métodos de amortização pode se estender bastante, porém, como o objetivo desta obra é tratar de perícia, descrevemos apenas os principais. Existem diversos livros de matemática financeira sobre o assunto, bem como sobre sistemas de planilhas de cálculos, que podem ser facilmente consultados. Ressaltamos, no entanto, que conhecer matemática financeira e operar de forma correta as planilhas de cálculos é um pré-requisito para quem quer ser perito econômico-financeiro.

3.2 Discussões no Judiciário sobre métodos de amortização

Algumas divergências são recorrentes em processos de revisão de contratos bancários. É importante, por isso, que peritos e assistentes técnicos saibam o que comumente se discute no Judiciário nesse tipo de processo. Por exemplo, em um contrato de capital de giro, costumamos questionar se houve abusividade nas cláusulas contratuais e, caso tenha havido, quais são elas. Nessas situações, podem ser taxas de juros cobradas acima da média de mercado divulgada pelo Banco Central, cobrança de tarifas que não são permitidas pelo Banco Central, ausência de informação no contrato sobre a taxa de juros que está sendo cobrada ou ainda cobrança de uma taxa diferente da que está especificada no contrato, entre outras ocorrências. A seguir, comentaremos algumas dessas divergências.

O Banco Central do Brasil[1] divulga, mensalmente, a taxa média de juros contratada no período de referência, que é uma taxa ponderada pelo valor das concessões. Apesar de não ser difícil identificar que a taxa do banco está diferente da taxa média de mercado divulgada pelo Banco Central, não é tão simples definir se ela é abusiva, porque não basta somente ser mais alta. Há julgados afirmando que ela tem de ser, pelo menos, o dobro da média para ser considerada abusiva; outros julgados apontam que deve ser o triplo. Nesses casos, não cabe ao perito do juízo dizer qual é o correto, mas ao juiz, que deve fazer o julgamento. Aos peritos cabe seguir o que o juiz determinou na sentença.

O Superior Tribunal de Justiça (STJ), no Recurso Especial (REsp) n. 1.061.530/RS, afirma que "são abusivos os juros remuneratórios se a taxa estipulada no contrato for uma vez e meia superior à média de mercado para as mesmas operações e períodos" (STJ, 2009).

Além das taxas, é comum que haja discrepância também em tarifas cobradas nos contratos, principalmente pelo fato de essas determinações sofrerem constantes alterações. Assim, é importante verificar, nas tabelas do Banco Central, se determinada cobrança é permitida. Por exemplo, em 2008, a Taxa de Abertura de Crédito (TAC) foi proibida, porém, apesar da proibição, é preciso prestar atenção porque ela pode vir disfarçada com outras denominações. A tarifa de cadastro pode ser cobrada.

A legislação estabelece que a cobrança de juros sobre juros exige contratação clara e expressa e que a capitalização composta de juros somente se admite se houver lei autorizando e previsão clara e expressa no contrato, informando a periodicidade de sua incidência e os respectivos impactos nas taxas de juros, conforme o REsp n. 973.827/RS (STJ 2012), o REsp n. 1.124.552/RS (STJ, 2015), o REsp n. 1.388.972/SC (STJ, 2017) e o REsp n. 1.826.463/SC (STJ, 2020). Portanto, se a taxa de juros não estiver clara e expressa no contrato, o juiz é quem determinará a taxa de juros a ser cobrada.

Ainda sobre abusividade, podem existir casos em que, ao calcular um contrato com os dados claros e expressos, se chega a um valor menor do que o da parcela cobrada pelo banco. Uma das hipóteses para que isso aconteça é a instituição desrespeitar a taxa de juros contratada. Sendo constatada a divergência, o perito deve apontá-la ao juiz ou aos advogados, na figura do assistente técnico, de forma clara e objetiva, para que qualquer leigo possa entender.

Também é possível apontar a venda casada de alguns produtos da instituição, como seguros, títulos de capitalização, consórcios, como forma de abusividade.

Não temos a pretensão de esgotar o assunto, pois, como já afirmamos, cada processo é único. Exemplificamos, nesta seção, as discussões que mais surgem.

---

1 No *site* do Banco Central, é fácil encontrarmos a média das taxas de juros praticadas pelas instituições financeiras em diferentes modalidades de crédito: acesse o *site*, escolha o tópico "Estatísticas" e selecione "Taxas de Juros". Disponível em: <https://www.bcb.gov.br/estatisticas/txjuros>. Acesso em: 18 dez. 2024.

Uma expressão que peritos e assistentes técnicos de contratos bancários podem escutar é *amortização negativa*. Como sabemos, o termo *amortização* é a "morte da dívida", ou seja, seu pagamento. Logo, a expressão parece totalmente errada.

Contudo, no Judiciário, a expressão *amortização negativa* é utilizada quando o saldo devedor de um método de amortização, seja qual for, é atualizado mês a mês e a prestação é atualizada uma vez por ano.

Destacamos dois pontos aqui: o primeiro é que não existe nenhum método de amortização que tenha correção por qualquer índice na literatura da matemática financeira, pois o método de amortização é composto de amortização mais juros. Essa correção do saldo devedor e da parcela aconteceu no Brasil quando a taxa da inflação era muito alta mês a mês.

O segundo ponto é que, obviamente, se um saldo devedor é reajustado mês a mês e a parcela é reajustada uma única vez no ano, haverá um momento em que a parcela não vai cobrir o valor dos juros mais a amortização e, portanto, a diferença será transferida para o saldo devedor, que aumentará. Essa é a "amortização negativa".

Quando existe a "amortização negativa" (sendo amortização o total da quitação de uma parcela do capital mais os juros remuneratórios), está havendo capitalização de juros.

Preste atenção!

A expressão *amortização negativa*, utilizada no Judiciário, não existe na matemática financeira. Ela só ocorre quando o valor da parcela não é suficiente para cobrir a amortização mais juros. Isso é consequência de a atualização/periodicidade do saldo devedor ser diferente da parcela.

As taxas de juros devem ser claras e expressas. Quando o contrato aponta que a taxa de juros é de 45,25% a.a. ou a taxa equivalente é de 3,17 a.m., só é verdadeira essa informação para um contrato de 12 meses, pois, se o contrato for de 24 meses, a taxa efetiva do período contratado será de 111,49%.

A taxa equivalente é uma taxa de juros que equivale a outra taxa de juros, pois gera o mesmo resultado. Por exemplo, uma taxa mensal de 3,17% e uma taxa anual de 45,25% utilizadas com o mesmo capital e pelo mesmo período são equivalentes porque levam a resultados iguais.

Será que podemos afirmar que o cliente sabe exatamente quanto vai pagar em um contrato bancário em que a taxa nominal é de 3,17% a.m., mas a taxa efetiva é de 45,25% a.a.? Tudo depende o período (n) do empréstimo, como veremos a seguir.

A taxa nominal (i_n) é a taxa referente a um período que não coincide com o período de capitalização dos juros; ela não corresponde, de fato, ao ganho/custo financeiro do negócio. Geralmente, sua periodicidade é anual e é utilizada em contratos financeiros. Então, essa taxa tem uma unidade de tempo diferente da unidade de tempo dos períodos de capitalização.

Segundo Zanna (2011, p. 113),

> são nominais as taxas de juros expressas em percentual, por um determinado período, por exemplo: ao ano, mas que, no final do cálculo de capitalização, revelam uma taxa maior. Em outras palavras, chama-se taxa nominal aquela cujo período referido no contrato não coincide com o período de capitalização, p.ex. diga qual a taxa nominal mensal de uma taxa nominal de 60% ao ano, teríamos 60% dividido por 12, igual a 5% ao mês. Diga qual é a taxa efetiva anual de uma taxa nominal de 5% ao mês, capitalizada mensalmente, teríamos como resposta $(1.05)^{12}$= 79,59% ao ano.

A taxa efetiva (i_e) é a que coincide, de fato, com o custo/ganho financeiro do negócio. Toda taxa cuja unidade de tempo (n) for igual ao período de capitalização dos juros é uma taxa efetiva. Novamente, de acordo com Zanna (2011, p. 114),

> Taxa Efetiva de juros é a que corresponde à taxa nominal mensal, capitalizada mensalmente, p.ex. taxa anual nominal de 10,5% é igual a taxa efetiva $(1+0,875\%)^{12} -1 = 0,1102$ ou 11,02% ao ano, maior portanto, que a taxa nominal. A taxa efetiva sempre é maior que a taxa nominal, pois, pelo conceito matemática que a rege, corresponde à capitalização de uma taxa nominal dividida por "n" períodos.

Voltando aos números da pergunta inicial, vemos que, nem nos 12 primeiros meses de contratos, podemos dizer que a taxa de 3,17% a.m. e a efetiva de 45,25% a.a. são a situação verdadeira, pois, para um percentual de 3,17% ao mês capitalizado mensalmente, encontramos a taxa efetiva de 45,43%, conforme os cálculos a seguir:

Dados informados para n = 12
i = 3,17% a.m.
n = 12 meses
Taxa efetiva = 45,25% a.a.

Taxa efetiva = $[(1 + i/100)^n - 1] * 100$
Taxa efetiva = $[(1 + 3,17/100)^{12} - 1] * 100$
Taxa efetiva = $[(1 + 0,0317)^{12} - 1] * 100$
Taxa efetiva = $[(1,0317)^{12} - 1] * 100$
Taxa efetiva = $[1,4543 - 1] * 100$

Taxa efetiva = [0,4543] * 100

Taxa efetiva = 45,43% no período → taxa real utilizada no financiamento em 12 meses

A demonstração a seguir é a prova de que uma taxa efetiva de 45,43% em um período de 12 meses, capitalizada anualmente, é de 3,17% ao mês.

i = 550,43
Taxa efetiva = [(1 + i/100)^n – 1] * 100
Taxa efetiva = [(1 + 45,43/100)$^{1/12}$ – 1] * 100
Taxa efetiva = [(1 + 0,4525)$^{1/12}$ – 1] * 100
Taxa efetiva = [(1,4525)^{0,0833} – 1] * 100
Taxa efetiva = [1,0317 – 1] * 100
Taxa efetiva = [0,03171] * 100
Taxa efetiva = 3,17 % a.m. →taxa real utilizada no financiamento

O 1 é o período da capitalização e o 12 é o período da taxa efetiva

Conforme o cálculo acima, para uma taxa 3,17% a.m., a taxa efetiva ao ano é de 45,43%.

A seguir, demonstramos a taxa efetiva para um período (n) de financiamento de 24 meses e de 36 meses.

Dados informados para n = 24
i = 3,17% a.m.
n = 24 meses
Taxa efetiva = 45,25% a.a.

Taxa efetiva = [(1 + i/100)^n – 1] * 100
Taxa efetiva = [(1 + 3,17/100)^{24} – 1] * 100
Taxa efetiva = [(1 + 0,0317)^{24} – 1] * 100
Taxa efetiva = [(1,0317)^{24} – 1] * 100
Taxa efetiva = [2,1149 – 1] * 100
Taxa efetiva = [1,1149] * 100
Taxa efetiva = 111,49% no período → taxa real utilizada no financiamento em 24 meses

3.3 A prática pericial de métodos de amortização

Para uma compreensão mais próxima da realidade da atuação do perito, vamos utilizar como exemplo um processo que entrou no Judiciário em 1º de dezembro de 2022, a respeito de um contrato de cédula de crédito bancário, assinado em 10 de junho de 2022, no valor de R$ 33.900,00, com juros de 2,81% ao mês, para ser pago em 12 meses. A Tabela Price foi utilizada para o cálculo das prestações. O empréstimo foi feito para pessoa jurídica.

3.3.1 Exemplo de processo

Um contrato de cédula de crédito é um tipo de financiamento feito pela instituição financeira, por exemplo, para capital de giro. Temos as seguintes informações sobre o contrato:

> Valor: R$ 33.900,00
> Valor dos acessórios/serviços: R$ 0,00
> Demais valores financiados:
>   Valor IOF: R$ 4.162,43
>   IOF adicional: R$ 792,43
>   Tarifa de cadastro: R$ 870,00
>   Emolumentos de registros: R$ 350,00
>   Prêmio seguro prestamista: R$ 2.000,00
> Pré-fixados
> Taxa de juros efetiva – anual: 39,45 %
> Taxa de juros efetiva – mensal: 2,81 %
> Periodicidade de capitalização: mensais e sucessivas
> Praça de pagamento: Curitiba
> Data do primeiro vencimento: 10/07/2022

O banco não apresentou os extratos da conta-corrente em que creditou os valores liberados nem de onde debitou as parcelas. Na sentença, o juiz nomeia o perito e coloca como pontos controversos as seguintes questões:

> a) Os juros foram capitalizados?
> b) A taxa de juros utilizada foi maior do que a taxa média de mercado?
> c) Quais seriam o valor da prestação e o valor do saldo devedor do contrato se fossem utilizados juros não capitalizados, em comparação com o método utilizado?
> d) A utilização dos juros compostos é legal?
> e) A instituição financeira pode utilizar a taxa de juros que achar melhor?

Pontos controversos que o juiz coloca na sentença são perguntas dirigidas ao perito, que deve respondê-las.

Entre essas controvérsias, o juiz apresenta perguntas de fato (técnicas) e também perguntas de direito. Por exemplo, as perguntas "a", "b" e "c", citadas anteriormente, são perguntas de fato e o perito deve respondê-las porque são técnicas, do conhecimento do perito econômico-financeiro.

As perguntas "d" e "e" são de direito e quem deve respondê-las é o juiz, na sentença do processo. Muitas vezes, o juiz baseia-se no parecer do perito. Como já apontamos, o perito não deve fazer qualquer julgamento de certo ou errado, de legal ou ilegal.

Na sentença, o juiz diz que as partes podem apresentar os quesitos e os assistentes técnicos e impugnar o perito nomeado, se for o caso.

A impugnação ou a suspeição do perito são as mesmas do juiz, pois o perito o representa na parte técnica, conforme o art. 146 do Código de Processo Civil:

> Art. 146. No prazo de 15 (quinze) dias, a contar do conhecimento do fato, a parte alegará o impedimento ou a suspeição, em petição específica dirigida ao juiz do processo, na qual indicará o fundamento da recusa, podendo instruí-la com documentos em que se fundar a alegação e com rol de testemunhas.
>
> § 1º Se reconhecer o impedimento ou a suspeição ao receber a petição, o juiz ordenará imediatamente a remessa dos autos a seu substituto legal, caso contrário, determinará a autuação em apartado da petição e, no prazo de 15 (quinze) dias, apresentará suas razões, acompanhadas de documentos e de rol de testemunhas, se houver, ordenando a remessa do incidente ao tribunal.
>
> § 2º Distribuído o incidente, o relator deverá declarar os seus efeitos, sendo que, se o incidente for recebido:
>
> I – sem efeito suspensivo, o processo voltará a correr;
>
> II – com efeito suspensivo, o processo permanecerá suspenso até o julgamento do incidente.
>
> § 3º Enquanto não for declarado o efeito em que é recebido o incidente ou quando este for recebido com efeito suspensivo, a tutela de urgência será requerida ao substituto legal.
>
> § 4º Verificando que a alegação de impedimento ou de suspeição é improcedente, o tribunal rejeitá-la-á.
>
> § 5º Acolhida a alegação, tratando-se de impedimento ou de manifesta suspeição, o tribunal condenará o juiz nas custas e remeterá os autos ao seu substituto legal, podendo o juiz recorrer da decisão.

> § 6º Reconhecido o impedimento ou a suspeição, o tribunal fixará o momento a partir do qual o juiz não poderia ter atuado.
>
> § 7º O tribunal decretará a nulidade dos atos do juiz, se praticados quando já presente o motivo de impedimento ou de suspeição. (Brasil, 2015)

O perito deve esperar as partes apresentarem primeiro os quesitos para depois apresentar sua proposta de honorários, pois a quantidade de quesitos impacta o valor do trabalho do perito. Na própria nomeação, o juiz já estipula o prazo para a entrega do laudo, como determina o art. 465 do CPC:

> Art. 465. O juiz nomeará perito especializado no objeto da perícia e fixará de imediato o prazo para a entrega do laudo.
>
> § 1º Incumbe às partes, dentro de 15 (quinze) dias contados da intimação do despacho de nomeação do perito:
>
> I – arguir o impedimento ou a suspeição do perito, se for o caso;
>
> II – indicar assistente técnico;
>
> III – apresentar quesitos.
>
> § 2º Ciente da nomeação, o perito apresentará em 5 (cinco) dias:
>
> I – proposta de honorários;
>
> II – currículo, com comprovação de especialização;
>
> III – contatos profissionais, em especial o endereço eletrônico, para onde serão dirigidas as intimações pessoais.
>
> § 3º As partes serão intimadas da proposta de honorários para, querendo, manifestar-se no prazo comum de 5 (cinco) dias, após o que o juiz arbitrará o valor, intimando-se as partes para os fins do art. 95.
>
> § 4º O juiz poderá autorizar o pagamento de até cinquenta por cento dos honorários arbitrados a favor do perito no início dos trabalhos, devendo o remanescente ser pago apenas ao final, depois de entregue o laudo e prestados todos os esclarecimentos necessários.
>
> § 5º Quando a perícia for inconclusiva ou deficiente, o juiz poderá reduzir a remuneração inicialmente arbitrada para o trabalho.
>
> § 6º Quando tiver de realizar-se por carta, poder-se-á proceder à nomeação de perito e à indicação de assistentes técnicos no juízo ao qual se requisitar a perícia.

Art. 466. O perito cumprirá escrupulosamente o encargo que lhe foi cometido, independentemente de termo de compromisso.

§ 1º Os assistentes técnicos são de confiança da parte e não estão sujeitos a impedimento ou suspeição.

§ 2º O perito deve assegurar aos assistentes das partes o acesso e o acompanhamento das diligências e dos exames que realizar, com prévia comunicação, comprovada nos autos, com antecedência mínima de 5 (cinco) dias. (Brasil, 2015)

Assim, após a entrega da proposta de honorários, ainda haverá prazo para as partes impugnarem e, após o depósito dos honorários, o juiz mandará dar início aos trabalhos periciais. O perito deve fazer com no mínimo 40 dias úteis e, depois de dar início, começa a correr o prazo para a entrega do laudo pericial.

Importante!

Após a análise do processo, caso o perito perceba que não conseguirá concluir o trabalho no tempo que o juiz determinou, na proposta de honorários, ele pode esclarecer que precisará de um prazo maior, justificando, por exemplo, que há muitos documentos, vários anos de extratos para dar entrada de dados. Se não pedir esse prazo na proposta e pedir prazo depois, a lei afirma que o juiz pode dar a metade do prazo inicial, ou seja, se o juiz determinou 30 dias, depois pode dar apenas mais 15 dias.

Como já ressaltamos em capítulo anterior, a proposta de honorários do perito estará no processo, mas a dos assistentes não aparece no processo. Os dois profissionais, porém, devem valorizar seus serviços consultando as tabelas das associações de perito para ter noção do valor da hora técnica. Caso contrário, podem desvalorizar seus honorários e toda a classe de peritos.

Vamos ao trabalho dos cálculos e do laudo pericial. Já sabemos quais são os pontos controversos do juízo e, no processo, também estarão os quesitos da parte autora e da parte ré, que transcrevemos a seguir:

Quesitos da parte autora: Maria José João

Quesito 1 – Houve capitalização de juros?

Quesito 2 – Qual o método de amortização utilizado pelo banco X?

Quesito 3 – O contrato no mov.24 (anotação do sistema Projudi) tem a taxa de juros expressa? É igual à taxa média de mercado divulgada pelo Banco Central?

Quesito 4 – Qual o valor da parcela cobrada pelo banco X?

Quesito 5 – Qual a taxa de juros divulgada pelo Banco Central?

Quesito 6 – Com a taxa de juros do Banco Central e calculando-se o contrato pelo método de juros simples, qual o valor da prestação e do saldo devedor?

Quesito 7 – Qual o saldo devedor apontado pelo banco X e qual a diferença do valor do quesito anterior para esse valor?

Quesito 8 – Foi cobrada alguma tarifa no contrato que não é legal?

Quesitos da parte ré: Banco X

Quesito 1 – A capitalização de juros está descrita no contrato?

Quesito 2 – O método de amortização utilizado está descrito no contrato?

Quesito 3 – A taxa de juros está informada?

Quesito 4 – As taxas de juros são de livre negociação?

Quesito 5 – O Banco Central obriga os bancos a utilizar a taxa de juros divulgada por ele?

3.3.2 Exemplo de elaboração do cálculo

Para respondermos aos quesitos, o melhor é fazermos os cálculos primeiro, portanto vamos calcular o contrato conforme as informações que temos, listadas anteriormente.

Calcularemos com base na Tabela Price, pois foi esse o método de amortização utilizado no processo que estamos usando como exemplo.

Tabela 3.5 – Cálculo do Apêndice 1 do laudo pericial

APÊNDICE 1 – Tabela Price – Contrato				
Valor financiado: R$ 42.074,86				
Juros mensais: 2,81%				
Meses de amortização: 12				
Parcela mensal: R$ 4.179,13				
Parcela	Data	Juros mensais (em R$)	Valor da parcela (em R$)	Saldo devedor (em R$)
0	10/06/2022			–42.074,86
1	10/07/2022	–1.182,30	4.179,13	–39.078,03
2	10/08/2022	–1.098,09	4.179,13	–35.997,00
3	10/09/2022	–1.011,52	4.179,13	–32.829,38
4	10/10/2022	–922,51	4.179,13	–29.572,76
5	10/11/2022	–830,99	4.179,13	–26.224,62
6	10/12/2022	–736,91	4.179,13	–22.782,41
7	10/01/2023	–640,19	4.179,13	–19.243,46
8	10/02/2023	–540,74	4.179,13	–15.605,07

(continua)

(Tabela 3.5 – conclusão)

9	10/03/2023	–438,50	4.179,13	–11.864,45
10	10/04/2023	–333,39	4.179,13	–8.018,71
11	10/05/2023	–225,33	4.179,13	–4.064,91
12	10/06/2023	–114,22	4.179,13	0,00
Totais		**–8.074,69**	**50.149,55**	

Agora, vamos calcular o mesmo contrato com o Método Linear de Juros Simples. Existem vários métodos que podem ser usados, mas vamos utilizar esse para afastar a capitalização de juros compostos.

Tabela 3.6 – Cálculo do Apêndice 2 do laudo pericial

APÊNDICE 2 – MÉTODO LINEAR

Valor financiado: R$ 42.074,86
Taxa de juros: 2,81%
Número de parcelas: 12
Parcela mensal: R$ 4.118,61

Nº	Data	Saldo devedor	Saldo devedor atualizado	Prestação		
				Amortização	Juros	Total
1	10/06/2022	42.074,86	42.074,86	4.006,04	112,57	4.118,61
2	10/07/2022	38.068,82	38.068,82	3.899,46	219,15	4.118,61
3	10/08/2022	34.169,36	34.169,36	3.798,40	320,21	4.118,61
4	10/09/2022	30.370,96	30.370,96	3.702,45	416,16	4.118,61
5	10/10/2022	26.668,51	26.668,51	3.611,23	507,38	4.118,61
6	10/11/2022	23.057,28	23.057,28	3.524,39	594,21	4.118,61
7	10/12/2022	19.532,89	19.532,89	3.441,64	676,97	4.118,61
8	10/01/2023	16.091,25	16.091,25	3.362,68	755,93	4.118,61
9	10/02/2023	12.728,57	12.728,57	3.287,26	831,35	4.118,61
10	10/03/2023	9.441,31	9.441,31	3.215,15	903,46	4.118,61
11	10/04/2023	6.226,16	6.226,16	3.146,14	972,47	4.118,61
12	10/05/2023	3.080,02	3.080,02	3.080,02	1.038,58	4.118,61
Total				**R$ 42.074,86**	**R$ 7.348,43**	**R$ 49.423,29**

Um dos quesitos diz respeito ao valor do saldo devedor e da prestação se tirarmos a capitalização e usarmos a taxa média de mercado.

Vamos fazer mais esse cálculo, como exemplificamos na Tabela 3.7. Lembramos que os dados do cálculo devem constar no início da planilha para facilitar o entendimento do laudo pericial. Caso haja cobrança de outras taxas, como seguro, por exemplo, é necessário acrescentar as colunas correspondentes.

Tabela 3.7 – Cálculo do Apêndice 3 do laudo pericial

APÊNDICE 3 – MÉTODO LINEAR – TAXA MÉDIA					
Valor financiado: R$ 42.074,86					
Taxa de juros: 1,65%					
Número de prestações: 12					
Valor da parcela: R$ 3.871,99					
Nº	Data	Saldo devedor	Saldo devedor atualizado	Prestação		
				Amortização	Juros	Valor total
1	10/06/2022	42.074,86	42.074,86	3.809,14	62,85	3.871,99
2	10/07/2022	38.265,72	38.265,72	3.748,29	123,69	3.871,99
3	10/08/2022	34.517,43	34.517,43	3.689,36	182,62	3.871,99
4	10/09/2022	30.828,07	30.828,07	3.632,26	239,73	3.871,99
5	10/10/2022	27.195,81	27.195,81	3.576,89	295,09	3.871,99
6	10/11/2022	23.618,91	23.618,91	3.523,19	348,80	3.871,99
7	10/12/2022	20.095,72	20.095,72	3.471,08	400,91	3.871,99
8	10/01/2023	16.624,64	16.624,64	3.420,48	451,50	3.871,99
9	10/02/2023	13.204,16	13.204,16	3.371,34	500,64	3.871,99
10	10/03/2023	9.832,82	9.832,82	3.323,59	548,39	3.871,99
11	10/04/2023	6.509,22	6.509,22	3.277,18	594,81	3.871,99
12	10/05/2023	3.232,04	3.232,04	3.232,04	639,94	3.871,99
Total				42.074,86	4.388,99	46.463,85

Preste atenção!

No exemplo da Tabela 3.7, calculamos somente 12 parcelas, portanto a diferença entre os juros compostos e os juros simples é baixa. Entretanto, quanto maiores o número de parcelas e a taxa de juros, maior será a diferença do total a pagar.

Ressaltamos que, no exemplo que estamos usando, o processo entrou no Judiciário quando estava para vencer a parcela número 7, porém calculamos o contrato inteiro por duas razões: 1) até esse processo chegar para o perito, já terão transcorrido os outros cinco meses, em média; 2) a dívida do cliente do banco é o total de parcelas do contrato, ou seja, o saldo devedor total.

Agora, vamos começar a responder aos quesitos do juízo, buscando elucidar os pontos controversos.

a. Foram capitalizados juros?
Resposta: Sim, o método de amortização utilizado foi a Tabela Price, que capitaliza juros no cálculo da parcela. A soma das parcelas é o saldo devedor. Capitaliza juros compostos, pois a fórmula utilizada para calcular a parcela é com exponencial.

b. A taxa de juros utilizada foi maior do que a taxa média de mercado?

Resposta: O banco utilizou a taxa de juros de 2,81% a.m., ou 39,41 % a.a. A taxa média de mercado para a data da assinatura do contrato era de 1,65% a.m., ou 21,67% a.a.

c. Quais seriam o valor da prestação e o valor do saldo devedor do contrato se fossem utilizados juros não capitalizados, em comparação com o método utilizado?

Resposta: O valor do saldo devedor total pela Tabela Price é de R$ 50.149,55 (cinquenta mil, cento e quarenta e nove reais e cinquenta e cinco centavos) e o valor da prestação é de R$ 4.179,13 (quatro mil, cento e setenta e nove reais e treze centavos), conforme o Apêndice 1. Pelo Método Linear de Juros Simples, o valor total do saldo devedor é de R$ 49.423,29 (quarenta e nove mil, quatrocentos e vinte e três reais e vinte e nove centavos) e o valor da prestação é de R$ 4.118,61 (quatro mil, cento e dezoito reais e sessenta e um centavos), conforme o Apêndice 2. Assim, o valor do saldo devedor e o da parcela são mais baixos pelo Método Linear de Juros, porque não capitaliza juros compostos.

A Tabela 3.8 é do Banco Central e apresenta a série 25442, referente à "Taxa média mensal de juros das operações de crédito com recursos livres – Pessoas jurídicas – Capital de giro com prazo superior a 365 dias".

Tabela 3.8 – Taxa média de mercado divulgada pelo Banco Central

Séries selecionadas	
25442 – Taxa média mensal de juros das operações de crédito com recursos livres – Pessoas jurídicas – Capital de giro com prazo superior a 365 dias	
Período	
01/03/2022 a 10/03/2024	
Registros encontrados por série: 23	
Lista de valores (formato numérico: Europeu – 123.456.789,00)	
Data mês/AAAA	25442 % a.m.
mar/2022	1,66
abr/2022	1,64
mai/2022	1,65
jun/2022	1,72
jul/2022	1,73
ago/2022	1,65
set/2022	1,68
out/2022	1,67
nov/2022	1,72

Fonte: BCB, 2024.

Não cabe ao perito responder aos pontos controvertidos "d" e "e" colocados pelo juiz, nem mesmo inseri-los no laudo. Citamos esses pontos somente para efeito didático.

Agora, vamos responder aos quesitos da parte autora e, na sequência, do réu.

Quesitos da parte autora: Maria José João

Quesito 1 – Houve capitalização de juros?

Resposta: Sim, o método de amortização utilizado foi a Tabela Price, que capitaliza juros no cálculo da parcela. A soma das parcelas é o saldo devedor. Capitaliza juros compostos, pois a fórmula utilizada para calcular a parcela é com exponencial.

Quesito 2 – Qual o método de amortização utilizado pelo banco X?

Resposta: O método de amortização utilizado pelo banco foi a Tabela Price.

Quesito 3 – O contrato no mov.24 (anotação do sistema Projudi) tem a taxa de juros expressa? É igual à taxa média de mercado divulgada pelo Banco Central?

Resposta: Sim, a taxa de juros de 2,81% a.m. ou 39,41 % a.a. está expressa no contrato. A taxa divulgada pelo Bacen é menor; a taxa média de mercado para a data da assinatura do contrato era de 1,65% a.m., ou 21,67% a.a.

Quesito 4 – Qual o valor da parcela cobrada pelo banco X?

Resposta: O valor da parcela cobrada pelo banco é de R$ 4.179,13 (quatro mil, cento e setenta e nove reais e treze centavos).

Quesito 5 – Qual a taxa de juros divulgada pelo Banco Central?

Resposta: A taxa média de mercado para a data da assinatura do contrato era de 1,65% a.m., ou 21,67% a.a.

Quesito 6 – Com a taxa de juros do Banco Central e calculando-se o contrato pelo método de juros simples, qual o valor da prestação e do saldo devedor?

Resposta: O valor do saldo devedor total é de R$ 46.463,85 (quarenta e seis mil, quatrocentos e sessenta e três reais e oitenta e cinco centavos) e o valor da parcela é de R$ 3.871,99 (três mil, oitocentos e setenta e um reais e noventa e nove centavos), conforme o Apêndice 3.

Quesito 7 – Qual o saldo devedor apontado pelo banco X e qual a diferença do valor do quesito anterior para esse valor?

Resposta: O saldo devedor apurado pelo banco é de R$ 50.149,55 (cinquenta mil, cento e quarenta e nove reais e cinquenta e cinco centavos), e o valor do saldo devedor do item acima é de R$ 46.463,85 (quarenta e seis mil, quatrocentos e sessenta e três reais e oitenta e cinco centavos). A diferença do saldo devedor total é de R$ 3.685,70 (três mil, seiscentos e oitenta e cinco reais e setenta centavos). O valor da parcela é de R$ 3.871,99 (três mil, oitocentos e setenta e um reais e noventa e nove centavos), conforme o Apêndice 3.

Quesito 8 – Foi cobrada alguma tarifa no contrato que não é legal?
Resposta: A legalidade da cobrança de tarifa é uma questão de mérito, cabendo ao magistrado. Podemos informar que foram cobradas as seguintes tarifas: R$ 870,00 de tarifa de cadastro; R$ 350,00 de emolumentos de registros; R$ 2.000,00 de prêmio seguro prestamista. Esses valores foram incluídos no financiamento.

Quesitos da parte ré: Banco X

Quesito 1 – A capitalização de juros está descrita no contrato?
Resposta: Sim, a capitalização de juros está descrita no contrato.

Quesito 2 – O método de amortização utilizado está descrito no contrato?
Resposta: Sim, o método de amortização está descrito no contrato.

Quesito 3 – A taxa de juros foi informada?
Resposta: Sim, a taxa de juros foi informada.

Quesito 4 – As taxas de juros são de livre negociação?
Resposta: Sim, as taxas de juros são de livre negociação.

Quesito 5 – O Banco Central obriga os bancos a utilizar a taxa de juros divulgada por ele?
Resposta: Não, as taxas divulgadas pelo Banco Central são a média do mercado; os bancos não são obrigados a utilizá-las.

> **IMPORTANTE!**
> Os quesitos são feitos pelos assistentes técnicos se a parte os contratar. Uma vez contratados para essa função, eles devem elaborar quesitos que fortaleçam a tese de defesa do advogado. Deve-se evitar propor perguntas sobre itens que já estão nos autos, fazendo do perito um mero leitor dos autos.

Agora que já respondemos a todos os quesitos e fizemos todos os cálculos, devemos apresentar essas informações na forma de um laudo pericial.

A forma do laudo pericial está descrita no art. 473 do CPC da seguinte forma:

> Art. 473. O laudo pericial deverá conter:
>
> I – a exposição do objeto da perícia;
>
> II – a análise técnica ou científica realizada pelo perito;

III – a indicação do método utilizado, esclarecendo-o e demonstrando ser predominantemente aceito pelos especialistas da área do conhecimento da qual se originou;

IV – resposta conclusiva a todos os quesitos apresentados pelo juiz, pelas partes e pelo órgão do Ministério Público.

§ 1º No laudo, o perito deve apresentar sua fundamentação em linguagem simples e com coerência lógica, indicando como alcançou suas conclusões.

§ 2º É vedado ao perito ultrapassar os limites de sua designação, bem como emitir opiniões pessoais que excedam o exame técnico ou científico do objeto da perícia.

§ 3º Para o desempenho de sua função, o perito e os assistentes técnicos podem valer-se de todos os meios necessários, ouvindo testemunhas, obtendo informações, solicitando documentos que estejam em poder da parte, de terceiros ou em repartições públicas, bem como instruir o laudo com planilhas, mapas, plantas, desenhos, fotografias ou outros elementos necessários ao esclarecimento do objeto da perícia. (Brasil, 2015)

A seguir, ressaltamos algumas considerações sobre os cálculos e o laudo.

A taxa média de mercado divulgada pelo Banco Central é a média das taxas utilizadas pelos bancos.

Os apêndices devem fazer parte do laudo pericial ou do parecer pericial (assistente técnico), assim como os anexos. Apêndices são os documentos que fizemos; aqui foram as planilhas, identificadas como tabelas. Anexos são os documentos feitos por terceiros, como o contrato de financiamento, os extratos etc.

As respostas dos quesitos não devem conter somente "sim" ou "não", pois podem levar a falsas interpretações. Elas devem vir completas, em linguagem simples, para os leigos entenderem. Não devemos ter preguiça de copiar os quesitos para depois respondê-los, logo abaixo de cada um. Devemos lembrar que somos auxiliares do juiz para ajudá-lo: se não copiarmos as perguntas e colocarmos somente as respostas dos quesitos, será muito trabalho para o entendimento do processo.

É normal que os quesitos do juiz, da autora e do réu tratem dos mesmos aspectos, devendo-se responder a todos.

Após a entrega do laudo pericial, o juiz pede para as partes se pronunciarem em um prazo de 15 dias, se houver dúvidas. O assistente técnico das partes, por meio de uma petição do advogado da parte, vai questionar. Nesse caso, o perito será intimado pelo juiz para responder em 10 dias. Havendo perguntas que não se relacionam com os quesitos existentes, trata-se de inovações, e o perito pode pedir complementação de honorários.

Respondendo às dúvidas das partes, o juiz deve liberar os honorários periciais, por isso é interessante que o perito faça esse pedido de liberação após a entrega do laudo pericial.

Para saber mais

Para aprofundar seus estudos sobre os temas abordados neste capítulo, sugerimos algumas leituras:

DE-LOSSO, R.; GIOVANNETTI, B. C.; RANGEL, A. de S. Sistema de Amortização por Múltiplos Contratos: a falácia do sistema francês. **Economic Analysis of Law Review**, v. 4, n. 1, p. 160-180, jan.-jun. 2013. Disponível em: <https://www.researchgate.net/publication/272500896_Sistema_de_Amortizacao_por_Multiplos_Contratos_A_Falacia_do_Sistema_Frances>. Acesso em: 7 nov. 2024.

O artigo mostra que a interpretação sobre o que são juros e o que é amortização no Sistema Francês representa uma falácia decorrente da hipótese de repactuação periódica do saldo devedor sempre à mesma taxa e propõe um método alternativo.

HOOG, W. A. Z. Perícia contábil em contratos de financiamentos. **Revista Catarinense da Ciência Contábil**, v. 7, n. 19, p. 47-54, 2008. Disponível em: <https://revista.crcsc.org.br/index.php/CRCSC/article/view/1061>. Acesso em: 7 nov. 2024.

O artigo é bem interessante, pois revela como o perito tem o papel de auxiliar o juiz mostrando o dano econômico decorrente da capitalização dos juros compostos.

SEKUNDA, A. Perícia contábil-financeira e os sistemas de amortização: sistema francês versus sistema de equivalência a juros simples. **Revista Gestão Organizacional**, v. 12, n. 2, p. 77-101, maio/ago. 2019. Disponível em: <https://bell.unochapeco.edu.br/revistas/index.php/rgo/article/view/4704>. Acesso em: 7 nov. 2024.

O autor apresenta uma comparação entre o Método Francês, ou Tabela Price, e um sistema de juros simples. Interessante verificar os achados da pesquisa que mostram que, normalmente, a taxa de juros informada pela financeira em contrato não correspondia à taxa efetivamente praticada para o cálculo da prestação.

STJ – Superior Tribunal de Justiça. **Audiência pública**: Capitalização de juros no SHF. 29 fev. 2016. Disponível em: <https://www.youtube.com/watch?v=dfv6PSi8mu0>. Acesso em: 7 nov. 2024.

Nessa audiência, ocorrida em 2016, foram feitas várias apresentações sobre a Tabela Price, tanto dos que defendem que ela capitaliza juros quanto dos que defendem o contrário. Chamamos a atenção para o que diz a advogada Andressa Jarletti, autora de vários livros e artigos sobre o assunto.

TJDFT – Tribunal de Justiça do Distrito Federal e dos Territórios. **Tabela Price**: legalidade. 20 jan. 2022. Disponível em: <https://www.tjdft.jus.br/consultas/jurisprudencia/jurisprudencia-em-temas/jurisprudencia-em-detalhes/acao-revisional-de-contrato-bancario/tabela-price-legalidade>. Acesso em: 7 nov. 2024.

Nesse artigo, é discutida a legislação que trata da Tabela Price, indicando-se as leis, os julgados e as súmulas a respeito de sua aplicação que já foram publicados.

Síntese

Neste capítulo, abordamos alguns dos principais métodos de amortização utilizados nos contratos bancários: a Tabela Price, o SAC e o MAJS. As parcelas fixas ao longo de todo o financiamento são a característica principal da Tabela Price, método de amortização em que primeiro se pagam os juros e depois a amortização. Uma das desvantagens na utilização da Price é que, como se pagam mais juros inicialmente, a amortização do valor principal é mais lenta.

O método SAC, utilizado especialmente em financiamentos imobiliários, não tem parcelas fixas; apenas a amortização é fixa, e os juros vão diminuindo ao longo do tempo, conforme o saldo devedor é reduzido. As parcelas iniciais são mais altas, e as finais, mais baixas, o que significa que as parcelas são decrescentes, uma vantagem desse método.

O MAJS é utilizado quando a sentença afasta a capitalização de juros do contrato. Com parcelas fixas, sua fórmula de cálculo utiliza o número de períodos (n) como multiplicador, diferentemente do que ocorre nos métodos Price e SAC, em que o número de período é utilizado no exponencial, capitalizando juros.

Apresentamos um exemplo prático de como deve proceder um perito do juízo que foi nomeado para calcular um contrato de capital de giro e responder aos quesitos das partes, buscando elucidar os pontos controversos do juízo. Destacamos que o perito não deve ultrapassar o limite do que foi perguntado pelas partes e pelo juiz e deve responder tecnicamente às questões, sem colocar sua opinião pessoal.

Vimos que o juiz, quando apresenta os pontos controvertidos, coloca os assuntos de fato (técnicos) e os de direito (mérito) e cabe ao perito saber o que são as perguntas técnicas para respondê-las. As perguntas de direito não devem ser respondidas pelo perito, e sim pelo juiz.

Nessa prática, são utilizados três cálculos: 1) o método de amortização pela Tabela Price, com a taxa de juros do contrato, para verificar se o banco ou a instituição financeira respeitou o contrato; 2) o Método Linear de Juros Simples, com a taxa do contrato, para afastar a capitalização de juros; 3) o Método Linear de Juros Simples com a taxa média de mercado, divulgada pelo Banco Central. Assim, respondemos a todos os quesitos.

QUESTÕES PARA REVISÃO

1) Assinale a alternativa correta sobre a amortização:

   a. Amortização é o valor cobrado mensalmente de um empréstimo, no qual uma parte quita o capital inicial e a outra corresponde aos juros.
   b. A amortização é sempre negativa.
   c. Amortização são juros sobre juros.
   d. Todas as alternativas estão corretas.
   e. Nenhuma das alternativas está correta.

2) Assinale a alternativa que se refere a métodos de amortização:

   a. Tabela Price.
   b. Sistema de Amortização Constante (SAC).
   c. Método Linear Ponderado de Gauss.
   d. Todas as alternativas estão corretas.
   e. Nenhuma das alternativas está correta.

3) Assinale a alternativa correta em relação à Tabela Price:

   a. Não é um método muito utilizado.
   b. Ela é baseada nos juros simples.
   c. O "n" é utilizado como multiplicação.
   d. As prestações mensais são diferentes.
   e. Nenhuma das alternativas está correta.

4) Assinale a alternativa que indica a principal característica da Tabela Price:

   a. Parcelas decrescentes ao longo do tempo.
   b. Parcelas fixas ao longo do tempo.
   c. Pagamento único no final do período.
   d. Amortização constante do principal.
   e. Juros simples aplicados ao saldo devedor.

5) Assinale a alternativa que indica como são calculadas as parcelas no Sistema de Amortização Constante (SAC):

   a. Parcelas fixas, com juros compostos.
   b. Parcelas fixas, com juros simples.
   c. Parcelas decrescentes, com amortização constante do principal.
   d. Parcelas crescentes, com amortização variável.
   e. Parcelas variáveis, com juros compostos.

6) Como os juros são calculados no método de amortização com juros simples?

7) Cite uma vantagem do Sistema de Amortização Constante (SAC) em comparação com a Tabela Price.

8) Em qual método de amortização as parcelas são fixas, mas a composição entre juros e amortização varia ao longo do tempo?

9) Em linhas gerais, descreva a diferença entre Tabela Price e Sistema de Amortização Constante (SAC).

10) Como os peritos devem responder aos quesitos?

11) Quais documentos devem fazer parte do laudo?

12) No Sistema de Amortização Constante (SAC), como são distribuídos os juros e a amortização nas parcelas?

13) Qual é a principal vantagem da Tabela Price para o tomador do empréstimo?

14) Em um laudo pericial, como o perito deve apresentar os cálculos de amortização?

15) Qual é a principal característica dos juros simples em um financiamento?

16) Em qual situação o perito econômico-financeiro pode ser solicitado a utilizar métodos de amortização?

Questões para reflexão

1) Considerando-se que o trabalho do perito e do assistente técnico deve se concentrar no processo, eles podem afirmar o que é certo ou o que é errado sobre o assunto ou mesmo citar leis em seu laudo?

2) Por que, no Brasil, discutimos os métodos de amortização?

3) Com base no Código de Processo Civil de 2015, a suspeição e a impugnação do perito são exclusivas dele?

Conteúdos do capítulo:

- Tipos de contrato discutidos no direito bancário.
- Ação revisional de conta-corrente.
- Documentos necessários à revisão de conta-corrente.
- Readequação dos cálculos da conta-corrente.

Após o estudo deste capítulo, você será capaz de:

1. elaborar uma revisão de contrato bancário de conta-corrente;
2. indicar a capitalização de juros, os valores depois de afastar a capitalização de juros, o valor cobrado de juros com capitalização e o valor cobrado de juros sem a capitalização.

4

Perícia em ação revisional de conta-corrente

4.1 Direito bancário e perícia bancária

A revisão de conta-corrente é um procedimento jurídico que visa analisar e corrigir possíveis abusos ou irregularidades em contratos bancários, especialmente os relacionados a contas-correntes e operações de crédito. Esse tipo de ação é comum quando o cliente desconfia que o banco esteja cobrando taxas ou juros abusivos ou quando há dúvidas sobre a legalidade de determinadas cláusulas contratuais.

No direito bancário, além do empréstimo, já apresentado no capítulo anterior, também são discutidos os seguintes tipos de contrato:

1. protesto de títulos e títulos em cobrança;
2. operações de descontos e *factoring* (lembrando que empresas de *factoring* não são instituições financeiras);
3. poupança, ações, aplicações financeiras, *open/over* interbancário, títulos e fundos;
4. contas-correntes, depositantes e cartão de crédito;
5. contratos de mútuos em geral;
6. contratos de financiamento imobiliário e Sistema Financeiro de Habitação (SFH);
7. contratos de *leasing* e do Fundo de Financiamento para Aquisição de Máquinas e Equipamentos Industriais (Finame);
8. cartão de crédito e adiantamentos a depositantes;
9. contratos de capital de giro, de crédito direto ao consumidor (CDC), *hot money*, empréstimos e financiamentos;
10. contratos de abertura de crédito – cheques especiais e contas garantidas;
11. contratos de câmbio – exportação, importação, Resolução n. 63, de 6 de setembro de 2011, da Câmara de Comércio Exterior (Camex) (Brasil, 2011);
12. cédulas de crédito bancário;
13. perícia em contratos do Banco Nacional de Desenvolvimento Econômico e Social (BNDES);
14. crédito imobiliário e financiamento imobiliário.

Existem várias outras relações entre o correntista e a instituição financeira além dessas que citamos. Essa é a área em que o perito econômico-financeiro mais atua na esfera civil, tanto estadual como federal.

A perícia em processos trabalhistas também é um campo de grande atuação do perito econômico-financeiro, mas é assunto para outro livro. Então, vamos nos concentrar na área civil.

A conta-corrente é a conta simples e mais comum, na qual são feitos débitos e créditos e é mantido um saldo, sem nenhum tipo de outro contrato anexado a ela. Quando o banco disponibiliza um empréstimo rotativo para o correntista, ele faz um contrato de cheque especial, por exemplo. Portanto, além do saldo real da conta-corrente, o correntista tem um limite de valor a mais, um crédito, que poderá usar como queira até sua totalidade.

Por óbvio, serão cobrados encargos financeiros pelo uso desse limite de crédito. Trata-se de um empréstimo bancário, com data certa de vencimento, que pode ser tirado do correntista quando o banco quiser, sem garantia alguma de continuidade e sem aviso prévio.

Existe também a conta garantida, mais usada por pessoas jurídicas, em que o correntista deixa um valor depositado em garantia de uma operação. Por exemplo, o cliente faz um empréstimo para aquisição de um bem e o banco exige que um valor fique na conta, em garantia. É semelhante ao cheque especial, mas sua movimentação é separada da conta-corrente, como se fosse mais uma conta; já o cheque especial é lançado na mesma conta-corrente, automaticamente.

Outra diferença entre a conta garantida e o cheque especial, como já apontamos, é que, na conta garantida, o uso desse limite de crédito não é automático, como é no cheque especial, ou seja, o cliente precisa pedir o resgate quando quiser usar o crédito; normalmente, há um contrato informando taxa de juros do resgate e tarifa. A devolução do valor emprestado ao banco e o pagamento pelo seu uso devem ser feitos por meio de uma transferência para a conta garantida, diferentemente do que ocorre no caso do cheque especial, em que o valor utilizado de limite (saldo devedor) é abatido pelo banco a cada crédito feito na conta-corrente.

Uma forma de conta garantida é aquela em que o banco faz descontos de títulos e cobra uma taxa de juros para adiantar o dinheiro que o correntista teria no vencimento do título. Por exemplo, temos 15 títulos com vencimento para o início do mês seguinte, descontamos hoje e pagamos 10% ou 15% do total para o banco. O correntista paga ainda todas as despesas de emissão de cobrança e, caso algum título não seja pago para o banco, este debitará da conta-corrente do cliente, por isso pede para deixar um percentual em garantia.

É nesse vasto mundo bancário que o perito é nomeado para fazer os cálculos e o assistente técnico é contratado para auxiliar os advogados. O Código de Processo Civil (CPC) determina que, para entrar com um processo de revisão de contrato bancário, é necessário apresentar os valores a que a pessoa autora da ação considera ter direito. Os assistentes periciais devem, portanto, fazer esse cálculo da ação inicial, isto é, da peça processual que dá início ao processo judicial.

A perícia em contratos bancários é complexa, pois, como vimos, existem diversos tipos de contratos bancários e também contratos que se sobrepõem, como conta-corrente, limite de cheque, desconto de duplicatas, cada qual com suas particularidades e com suas integrações.

4.2 A discussão no Judiciário

Para saber o que fazer em uma ação revisional de conta-corrente, é necessário conhecer o que se discute no Judiciário e qual a legislação aplicada ao assunto da ação. Aprendemos a respeito de algumas discussões no Judiciário principalmente com as seguintes legislações:

- Decreto n. 22.626/1933 – Lei da Usura;
- Constituição Federal de 1988;
- Lei n. 8.078/1990 – Código de Defesa do Consumidor;
- Lei n. 10.406/2002 – Código Civil;
- Lei n. 13.105/2015 – Código de Processo Civil;
- Lei n. 556/1850 – Código Comercial;
- Resoluções do Banco Central do Brasil;
- Lei n. 4.595/1964, que rege o sistema financeiro nacional;
- Lei n. 4.728/1965, aplicável às alienações fiduciárias;
- Decreto-Lei n. 167/1967, Decreto-Lei n. 413/1969 e Lei n. 6.840/1980, que regulam as cédulas de crédito rural, comercial e industrial;
- Lei n. 4.380/1964, Decreto-Lei n. 70/1966, Lei n. 8.692/1993, Lei n. 10.931/2004 e Lei n. 11.977/2009, que regem o SFH;
- Lei n. 6.099/1974, que regula o arrendamento mercantil;
- Medida Provisória n. 1.963-17/2000, Medida Provisória n. 2.170-36/2001 e Súmula n. 121/1963 do Supremo Tribunal Federal (STF), que permitem a capitalização inferior ao anual; REsp n. 1.061.503/RS (STJ, 2008), REsp n. 1.112.880/PR (STJ, 2010), REsp n. 1.388.972/SC (STJ, 2017), entre outros.

Para atuar nessa área, o perito deve conhecer a legislação específica e atualizar-se com os novos julgados, súmulas e decisões dos tribunais.

Com todas essas legislações, percebemos a complexidade do estudo do direito sobre as revisionais em contratos bancários. Quando precisamos recorrer somente à matemática financeira, a discussão se resume a duas fórmulas:

- Juros simples: $C \cdot i \cdot n$
- Juros compostos: $J = C(i + 1)^n$

No caso de juros simples com capitalização simples, os juros são constantes porque incidem sempre sobre o capital inicial, ou seja, o valor disponível para o empréstimo, ou ainda, valor presente. Para os que gostam de usar a calculadora HP, é PV (presente valor). O valor dos juros é obtido multiplicando-se o capital (C) pela taxa de juros (i) e pelo número de parcelas (n).

Ressaltamos que a HP não é uma ferramenta para peritos, pois ele precisa de planilhas, para que possa fazer observações pessoais e ficar com cálculos gravados, visto que o processo volta para esclarecimentos.

Juros compostos são a capitalização composta de juros, ou seja, juros sobre juros. Nesse caso, os juros são calculados sobre o montante, isto é, a soma do capital mais os juros do mês anterior. Os juros são crescentes, pois não são mais calculados pelo capital inicial, e sim pelo montante.

Basta notar que, na fórmula dos juros simples, o n está multiplicando e, na fórmula dos juros compostos, o n é um exponencial para saber que, no regime de juros compostos, os juros são capitalizados.

Como vemos, a capitalização simples comporta-se como se fosse uma progressão aritmética (PA), uma sequência de números em que a diferença entre dois termos consecutivos é sempre a mesma, como em (2, 4, 6, 8, 10...), com razão igual a $q = 2$.

Já a capitalização composta de juros se comporta como se fosse uma progressão geométrica (PG), uma sequência numérica em que todo termo é igual ao produto de seu antecessor com uma constante chamada *razão da PG*, como em (2, 4, 8, 16...), com razão igual a $q = 2$.

Considerando a legislação que citamos e a importância do conhecimento sobre juros simples e compostos, podemos afirmar que é essencial ter noções sobre os seguintes assuntos:

- Capitalização de juros:
    - capitalização de juros em prazos inferiores a um ano;
    - capitalização de juros diários e mensais;
    - formas da capitalização de juros;
    - aplicação do art. 354 do Código Civil.
- Taxa de juros:
    - taxa de juros equivalente;
    - taxa de juros contratada;
    - taxa de juros utilizada no cálculo do contrato;
    - taxa de juros abusiva;
    - taxa de juros clara e expressa.

- Onerosidade excessiva:
  - tarifas cobradas;
  - capitalização de juros;
  - formas de capitalização.
- Formas de ocorrência da capitalização.

Esses são os assuntos que dominam as principais discussões encontradas nas revisões de contratos bancários. Como já mencionamos, as demandas revisionais de contratos bancários representam um volume significativo de processos judiciais. Seria interessante que as orientações e as decisões fossem harmonizadas pelo Judiciário, mas não o são. Há diversas decisões diferentes, juízes dizendo que pode capitalizar e juízes dizendo que não pode capitalizar, como já comentamos.

O assunto da ocorrência da capitalização de juros é de fato, não é de direito, por isso já há julgados que afirmam que é necessário fazer perícia para verificar se houve a capitalização ou não e/ou outras abusividades. Como vemos, em algum momento, os assuntos se repetem, pois eles não são excludentes, isto é, ou podem aparecer juntos, ou em um mesmo contrato pode constar mais de uma forma de capitalização de juros.

A seguir, vamos abordar cada um dos assuntos listados anteriormente.

- **Capitalização de juros**

  As discussões sobre capitalização de juros recaem sobre quatro questões.

  A primeira se refere à **licitude** ou **ilicitude** da capitalização de juros em período inferior ao anual. Há normas que autorizam a prática e há normas que vedam.

  A segunda diz respeito à necessidade de contratação **clara e expressa** das taxas de juros e da forma de capitalização dos juros; não basta a autorização legal, ela deve ser clara e expressa.

  A terceira envolve a **onerosidade excessiva**. Há julgados que afastam a capitalização de juros, mesmo que contratados, porque fere o princípio do equilíbrio.

  A quarta compreende as **formas de ocorrência** da capitalização de juros, uma vez que pode haver cinco formas distintas, não excludentes.

  Na conta-corrente, uma das formas de capitalização de juros ocorre quando a conta-corrente está com o saldo negativo, isto é, quando se utiliza o limite de crédito. Nesse caso, são debitados os juros do mês anterior, que são somados ao saldo que será base de cálculo para o mês seguinte.

Outra forma está relacionada à metodologia utilizada para abater os juros devidos na revisão de conta-corrente com a utilização do art. 354 do Código Civil de 2002. A aplicação desse artigo ocorre quando o credor der a quitação por conta do capital.

Para compreender essa exceção, é necessário primeiramente esclarecer que a quitação referida na expressão legal é a quitação dos juros. Também é preciso entender que dar a quitação dos juros por conta do capital significa que os juros são pagos por meio de sua incorporação ao capital, tal como ocorre na movimentação de contas-correntes com limite de cheque especial.

De acordo com Andreassa Junior e Oliveira (2019, p. 77), o argumento dos bancos é que "lançamentos a crédito na movimentação da conta-corrente eliminariam a configuração da capitalização composta de juros" porque primeiro se debitariam os juros; não se observa que os juros, na verdade, são pagos pela utilização do limite de cheque especial, independentemente do lançamento, ou não, de um crédito na movimentação da conta-corrente.

A premissa de que juros são quitados pelos lançamentos a crédito não se sustenta porque a quitação ocorre pela incorporação dos juros ao capital; também parece não considerar a natureza da conta-corrente com limite de crédito.

Uma das principais características do contrato de conta-corrente é que os valores lançados a débito e a crédito perdem sua individualidade e exigibilidade autônoma, tornando-se um valor a saldo.

Assim, os créditos lançados na conta-corrente são sempre direcionados à compensação com o saldo devedor total, não sendo possível direcionar determinado crédito exclusivamente ao pagamento dos juros. É o mesmo que tomar remédio na veia e descobrir ser alérgico ao remédio; não basta tirar só o remédio, ele se incorporou ao sangue.

Desse modo, para debitar os juros na conta-corrente e não continuar a capitalização dos juros, não basta ter um depósito a crédito, é primordial que a conta-corrente fique com o saldo positivo após o débito dos juros.

- **Taxa de juros**

Essa é outra questão bastante discutida, buscando-se avaliar se a taxa de juros é onerosa em demasia para o consumidor bancário. Como já citamos, alguns juízes e julgados dizem que uma taxa de juros abusiva é duas vezes e meia maior do que a taxa média de mercado divulgada pelo Banco Central. Não existe uma regra comum sobre o assunto. Alguns juízes dizem uma vez e meia maior do que a taxa do Banco Central; outros, três vezes a taxa do Banco Central. Portanto, é preciso considerar o julgado para fazer o cálculo e a troca da taxa de juros no recálculo da conta-corrente.

Alguns juízes e/ou advogados fazem quesitos sobre juros equivalentes. Muitas vezes, questiona-se se a taxa de juros está clara e expressa no contrato e se não existe assimetria de informações (quando só uma das partes tem a informação completa sobre o contrato).

É necessário fazer o cálculo do método de amortização com a taxa contratada para verificar se o banco utilizou a taxa correta. Várias vezes, percebe-se que o banco utiliza uma taxa superior à contratada.

Em algumas sentenças, a solicitação é para recalcular a conta-corrente ou pela taxa média de mercado divulgada pelo Banco Central, ou pela que for menor (a do Banco Central ou a do banco em questão). Nesses casos, devem ser feitos dois cálculos: um para ver a taxa de juros utilizada pelo banco e outro para calcular a conta-corrente, utilizando a taxa do Banco Central ou a do banco, a que for menor.

- **Onerosidade excessiva**

A onerosidade excessiva é a condição em que uma das partes de um contrato está em desvantagem por uma cláusula contratual que onera em demasia um contrato firmado, que não tem todas as informações para o cliente bancário. Afinal, quem conhece matemática financeira é o banco, não o correntista. Esse tema se relaciona diretamente com o direito no que diz respeito à teoria da imprevisão – que reconhece que certos eventos imprevisíveis podem alterar um contrato – e à teoria da boa-fé objetiva – que pressupõe que as partes agem com honestidade, lealdade e transparência e que busquem soluções razoáveis e justas.

Nessa situação, é preciso verificar se o cliente não é um superendividado; caso seja, não é simplesmente uma revisional de conta-corrente. Existe uma legislação própria sobre os assuntos. Cabe ao perito fazer um plano de pagamento para essa categoria.

A questão também pode estar associada a uma taxa de juros muito alta ou à cobrança de tarifas não permitidas. Em suas resoluções, o Banco Central indica quais tarifas e taxas podem ser cobradas do correntista.

O superendividado é aquele cliente que recebeu crédito bancário muito além de sua condição de pagador. Andressa Jarletti de Oliveira (2014, p. 101-102), em sua dissertação de mestrado, explica que

> As armadilhas do pagamento a prazo, por meio do crédito fácil e caro, podem levar o consumidor a um endividamento excessivo, ao ponto de atingir a condição crítica de superendividamento, que se caracteriza pela "impossibilidade global do devedor – pessoa física, consumidor, leigo e de boa-fé, de pagar todas as suas dívidas atuais e futuras de consumo (excluídas as dívidas com o Fisco, oriundas de delitos e de alimentos), em um tempo razoável com sua capacidade atual e futura de rendas e patrimônio." Esta definição permite compreender que o superendividamento, estudado pela doutrina nacional e estrangeira, é entendido como um estado da pessoa física leiga, o não profissional ou o não empresário (já que para este há a falência). Refere-se ao devedor de crédito que o contraiu de boa-fé, mas que ante alguma situação de impossibilidade (subjetiva) e global (universal e não passageira), não tem condições de pagar todas as suas dívidas atuais (já exigíveis) e futuras (que irão vencer) de consumo, com a sua renda e patrimônio (ativo), por um tempo razoável, ou seja, sem ter que fazer um esforço por longos anos, "quase uma escravidão ou hipoteca do futuro", para pagar suas dívidas.

- **Formas de ocorrência da capitalização**

Já tratamos desse tema. Uma das formas de capitalização em conta-corrente é o débito dos juros com a conta-corrente negativa; outra é pela aplicação do art. 354 do Código Civil, isto é, debitar os juros somente com a conta-corrente positiva, assim permanecendo após o débito. Todas podem acontecer ao mesmo tempo na mesma conta-corrente.

4.3 A prática da revisão de conta-corrente

A conta-corrente com um limite de crédito à disposição – o chamado *cheque especial* – é a que está sujeita à capitalização de juros. Esse limite pode ser usado automaticamente, sempre que, mesmo sem saldo real do correntista, houver um débito.

Nas contas sem esse limite, se não houver saldo suficiente, não haverá débitos com o cartão, que avisará a falta de saldo, ou com o cheque, que será devolvido. Em outras palavras, não haverá a possibilidade de ficar com saldo negativo, em princípio.

Na Tabela 4.1, apresentamos o exemplo de um correntista sem nenhum valor em sua conta-corrente, isto é, um saldo zero, mas com um limite de crédito em cheque especial de R$ 5 mil: ele pagou, no dia 20 de fevereiro de 2024, um boleto de R$ 2.150,00. A conta ficou negativa em –R$ 2.150,00 e restou na conta-corrente o valor de R$ 2.850,00 de limite de crédito.

Essa operação ainda não capitalizou juros, mas vamos supor que a conta ficou assim até o dia 10 de março de 2024 (mês seguinte). No dia 5 de março de 2024 (mês seguinte), foram debitados os juros pela utilização do limite de cheque especial no valor de R$ 139,75, ficando a conta negativa em –R$ 2.289,75. Esse saldo negativo permaneceu até o dia 10 de março de 2024 (mês seguinte), quando foram debitados juros sobre a utilização do limite de cheque especial no valor de R$ 422,30. No dia 5 de abril de 2024, houve a capitalização de juros, pois a conta-corrente estava negativa.

Houve capitalização de juros pelo débito de juros no saldo devedor, que, somado ao saldo devedor do mês anterior, é a base do cálculo dos juros para o mês seguinte. Assim, temos juros sobre juros, conforme retratado na Tabela 4.1.

Tabela 4.1 – Extrato bancário

Data evento	Dia da semana	Saldo total no extrato	Saldo devedor no extrato	Juros debitados	Saldo devedor de capital
01/02/2024	Qui.	0,00	0,00		0,00
02/02/2024	Sex.	0,00	0,00		0,00
05/02/2024	Seg.	0,00	0,00		0,00
06/02/2024	Ter.	0,00	0,00		0,00
07/02/2024	Qua.	0,00	0,00		0,00
08/02/2024	Qui.	0,00	0,00		0,00
09/02/2024	Sex.	0,00	0,00		0,00
12/02/2024	Seg.	0,00	0,00		0,00
13/02/2024		DIA NÃO ÚTIL			
14/02/2024	Qua.	0,00	0,00		0,00
15/02/2024	Qui.	0,00	0,00		0,00
16/02/2024	Sex.	0,00	0,00		0,00
19/02/2024	Seg.	0,00	0,00		0,00
20/02/2024	Ter.	−2.150,00	−2.150,00		−2.150,00
21/02/2024	Qua.	−2.150,00	−2.150,00		−2.150,00
22/02/2024	Qui.	−2.150,00	−2.150,00		−2.150,00
23/02/2024	Sex.	−2.150,00	−2.150,00		−2.150,00
26/02/2024	Seg.	−2.150,00	−2.150,00		−2.150,00
27/02/2024	Ter.	−2.150,00	−2.150,00		−2.150,00
28/02/2024	Qua.	−2.150,00	−2.150,00		−2.150,00

(continua)

(Tabela 4.1 – conclusão)

Data evento	Dia da semana	Saldo total no extrato	Saldo devedor no extrato	Juros debitados	Saldo devedor de capital
29/02/2024		DIA NÃO ÚTIL			
01/03/2024	Sex.	−2.150,00	−2.150,00		−2.150,00
04/03/2024	Seg.	−2.150,00	−2.150,00		−2.150,00
05/03/2024	**Ter.**	**−2.289,75**	**−2.289,75**	**−139,75**	**−2.150,00**
06/03/2024	Qua.	−2.289,75	−2.289,75		−2.150,00
07/03/2024	Qui.	−2.289,75	−2.289,75		−2.150,00
08/03/2024	Sex.	−2.289,75	−2.289,75		−2.150,00
11/03/2024	Seg.	−2.289,75	−2.289,75		−2.150,00
12/03/2024	Ter.	−2.289,75	−2.289,75		−2.150,00
13/03/2024	Qua.	−2.289,75	−2.289,75		−2.150,00
14/03/2024	Qui.	−2.289,75	−2.289,75		−2.150,00
15/03/2024	Sex.	−2.289,75	−2.289,75		−2.150,00
18/03/2024	Seg.	−2.289,75	−2.289,75		−2.150,00
19/03/2024	Ter.	−2.289,75	−2.289,75		−2.150,00
20/03/2024	Qua.	−2.289,75	−2.289,75		−2.150,00
21/03/2024	Qui.	−2.289,75	−2.289,75		−2.150,00
22/03/2024	Sex.	−2.289,75	−2.289,75		−2.150,00
25/03/2024	Seg.	−2.289,75	−2.289,75		−2.150,00
26/03/2024	Ter.	−2.289,75	−2.289,75		−2.150,00
27/03/2024	Qua.	−2.289,75	−2.289,75		−2.150,00
28/03/2024	Qui.	−2.289,75	−2.289,75		−2.150,00
29/03/2024	Sex.	−2.289,75	−2.289,75		−2.150,00
01/04/2024	Seg.	−2.289,75	−2.289,75		−2.150,00
02/04/2024	Ter.	−2.289,75	−2.289,75		−2.150,00
03/04/2024	Qua.	−2.289,75	−2.289,75		−2.150,00
04/04/2024	Qui.	−2.289,75	−2.289,75		−2.150,00
05/04/2024	**Sex.**	**−2.289,75**	**−2.289,75**	**−422,30**	**−1.727,70**
08/04/2024	Seg.	3.000,00	0,00		0,00
09/04/2024	Ter.	3.000,00	0,00		0,00
10/04/2024	Qua.	3.000,00	0,00		0,00

4.4 Entendendo a planilha de cálculo

Vamos entender a planilha[1]: a data consta no extrato bancário que devemos consultar; o dia da semana ou está no extrato ou colocamos como mais um dado; o valor do saldo diário também consta no extrato bancário.

Aqui, fazemos uma observação: a planilha reproduzida na Tabela 4.1 está considerando somente o saldo diário, mas, a critério do perito, é possível considerar todos os débitos e créditos da conta-corrente.

Os juros debitados também estão no extrato bancário. O saldo devedor de capital é o cálculo em que se diminuem os juros do saldo total do extrato, para afastar a capitalização.

Como os dados para esse cálculo são baseados no extrato bancário, ele é o documento mais importante para fazermos uma revisional de conta-corrente. Além dos extratos, precisamos do contrato de abertura da conta e do contrato do limite de cheque especial.

Com os dados já digitados na planilha reproduzida na Tabela 4.2, temos condições de calcular a taxa de juros utilizada pelo banco e os juros devidos sobre o capital.

O saldo devedor de juros é o valor debitado de juros, como vemos na Tabela 4.2, sendo que, nessa coluna, vamos somar os juros debitados (139,75 + 422,30 = 562,05).

O valor dos juros é calculado sobre a média de utilização do limite do mês anterior; então, os juros debitados em 5 de abril de 2024 foram calculados sobre a média da soma dos dias em que a conta-corrente ficou negativa de 05/03/2024 até 05/04/2024. Nesse caso, o valor do saldo devedor médio total é R$ 2.289,75.

O saldo devedor médio de capital é o saldo devedor médio total menos os juros, isto é, R$ 2.150,00.

A taxa de juros praticada pelo banco é o valor dos juros dividido pelo saldo devedor médio total dividido pelo número de dias, sendo igual a 18,44%.

Temos também o valor dos juros devidos sobre o capital, isto é, sem capitalização de juros, calculado o saldo devedor médio total, multiplicado pela taxa de juros praticada, dividida pelos dias úteis e multiplicada pelo número de dias úteis, ou pelo número de dias do mês, ou seja, R$ 304,00, conforme a Tabela 4.2.

---

[1] A planilha teve como base o material do Curso de Perícia Econômico-Financeira Judicial e Extrajudicial – 3ª Edição – do Conselho Regional de Economia, ministrado pelo professor Pedro Afonso Gomes em 2012.

Tabela 4.2 – Cálculo da conta-corrente

Data evento	Dia sem.	Saldo total no extrato	Saldo devedor no extrato	Juros debitados	Juros apropriados	Saldo devedor de juros	Saldo devedor de capital	Dias úteis	Saldo devedor médio total	Saldo devedor médio capital	Taxa juros praticada	Juros devidos s/ capital	Juros devidos acumulados
01/02/2024	Qui.	0,00	0,00			0,00	0,00						0,00
02/02/2024	Sex.	0,00	0,00			0,00	0,00						0,00
05/02/2024	Seg.	0,00	0,00			0,00	0,00						0,00
06/02/2024	Ter.	0,00	0,00			0,00	0,00						0,00
07/02/2024	Qua.	0,00	0,00			0,00	0,00						0,00
08/02/2024	Qui.	0,00	0,00			0,00	0,00						0,00
09/02/2024	Sex.	0,00	0,00			0,00	0,00						0,00
12/02/2024	Seg.	0,00	0,00			0,00	0,00						0,00
13/02/2024						DIA NÃO ÚTIL							
14/02/2024	Qua.	0,00	0,00			0,00	0,00						0,00
15/02/2024	Qui.	0,00	0,00			0,00	0,00						0,00
16/02/2024	Sex.	0,00	0,00			0,00	0,00						0,00
19/02/2024	Seg.	0,00	0,00			0,00	0,00						0,00
20/02/2024	Ter.	-2.150,00	-2.150,00			0,00	-2.150,00						0,00
21/02/2024	Qua.	-2.150,00	-2.150,00			0,00	-2.150,00						0,00
22/02/2024	Qui.	-2.150,00	-2.150,00			0,00	-2.150,00						0,00
23/02/2024	Sex.	-2.150,00	-2.150,00			0,00	-2.150,00						0,00
26/02/2024	Seg.	-2.150,00	-2.150,00			0,00	-2.150,00						0,00
27/02/2024	Ter.	-2.150,00	-2.150,00			0,00	-2.150,00						0,00
28/02/2024	Qua.	-2.150,00	-2.150,00			0,00	-2.150,00						0,00
29/02/2024						DIA NÃO ÚTIL							
01/03/2024	Sex.	-2.150,00	-2.150,00			0,00	-2.150,00						0,00
04/03/2024	Seg.	-2.150,00	-2.150,00			0,00	-2.150,00						0,00
05/03/2024	Ter.	-2.289,75	-2.289,75	-139,75		-139,75	-2.150,00	19	-2.150,00	-226,32	7,18%	-10,30	-10,30
06/03/2024	Qua.	-2.289,75	-2.289,75			-139,75	-2.150,00						-10,30
07/03/2024	Qui.	-2.289,75	-2.289,75			-139,75	-2.150,00						-10,30
08/03/2024	Sex.	-2.289,75	-2.289,75			-139,75	-2.150,00						-10,30
11/03/2024	Seg.	-2.289,75	-2.289,75			-139,75	-2.150,00						-10,30
12/03/2024	Ter.	-2.289,75	-2.289,75			-139,75	-2.150,00						-10,30

(continua)

(Tabela 4.2 – conclusão)

Data evento	Dia sem.	Saldo total no extrato	Saldo devedor no extrato	Juros debitados	Juros apropriados	Saldo devedor de juros	Saldo devedor de capital	Dias úteis	Saldo devedor médio total	Saldo devedor médio capital	Taxa juros praticada	Juros devidos s/ capital	Juros devidos acumulados
13/03/2024	Qua.	-2.289,75	-2.289,75			-139,75	-2.150,00						-10,30
14/03/2024	Qui.	-2.289,75	-2.289,75			-139,75	-2.150,00						-10,30
15/03/2024	Sex.	-2.289,75	-2.289,75			-139,75	-2.150,00						-10,30
18/03/2024	Seg.	-2.289,75	-2.289,75			-139,75	-2.150,00						-10,30
19/03/2024	Ter.	-2.289,75	-2.289,75			-139,75	-2.150,00						-10,30
20/03/2024	Qua.	-2.289,75	-2.289,75			-139,75	-2.150,00						-10,30
21/03/2024	Qui.	-2.289,75	-2.289,75			-139,75	-2.150,00						-10,30
22/03/2024	Sex.	-2.289,75	-2.289,75			-139,75	-2.150,00						-10,30
25/03/2024	Seg.	-2.289,75	-2.289,75			-139,75	-2.150,00						-10,30
26/03/2024	Ter.	-2.289,75	-2.289,75			-139,75	-2.150,00						-10,30
27/03/2024	Qua.	-2.289,75	-2.289,75			-139,75	-2.150,00						-10,30
28/03/2024	Qui.	-2.289,75	-2.289,75			-139,75	-2.150,00						-10,30
29/03/2024	Sex.	-2.289,75	-2.289,75			-139,75	-2.150,00						-10,30
01/04/2024	Seg.	-2.289,75	-2.289,75			-139,75	-2.150,00						-10,30
02/04/2024	Ter.	-2.289,75	-2.289,75			-139,75	-2.150,00						-10,30
03/04/2024	Qua.	-2.289,75	-2.289,75			-139,75	-2.150,00						-10,30
04/04/2024	Qui.	-2.289,75	-2.289,75			-139,75	-2.150,00						-10,30
05/04/2024	Sex.	-2.289,75	-2.289,75	422,30		-562,05	-1.727,70	23	-2.289,75	-2.150,00	18,44%	-304,00	-314,30
08/04/2024	Seg.	3.000,00	0,00			-562,05	0,00						-314,30
09/04/2024	Ter.	3.000,00	0,00			-562,05	0,00						-314,30
10/04/2024	Qua.	3.000,00	0,00			-562,05	0,00						-314,30

Desse modo, de acordo com a planilha da Tabela 4.2, vemos que, em 5 de março de 2024, foram debitados juros no valor de R$ 139,75, conforme o extrato bancário. Assim como o saldo total do extrato, o saldo devedor é uma função verdadeira; se negativo, retorna o número negativo, pois precisamos dessa somatória para o cálculo dos juros; quando o número for positivo, retorna zero.

Os juros debitados somam R$ 562,05. No caso de afastar a capitalização de juros, o valor a cobrar de juros devidos sobre o capital acumulado seria de R$ 314,30. Esse valor é devido ao banco e devemos debitá-lo.

Vamos debitar os juros devidos sobre o capital mês a mês, mas devemos obedecer ao art. 354 do Código Civil, por isso só podemos debitar juros quando a conta-corrente estiver com saldo positivo.

Temos o valor de R$ 10,30, mas saldo negativo na conta; logo, não haverá débito nessa data. Em 5 de abril de 2024, foram debitados juros no valor de R$ 422,30 e a conta continuou com saldo negativo, então não haverá débito nessa data. No dia 8 de abril de 2024, a conta se manteve com o saldo positivo, por isso debitamos todos os juros no valor de R$ 314,30. Observamos que, quando fazemos esse procedimento, zeramos a coluna dos juros devidos acumulados, conforme a planilha reproduzida na Tabela 4.3.

Tabela 4.3 – Continuação do cálculo da conta-corrente

Data evento	Dia sem.	Saldo total no extrato	Saldo devedor no extrato	Juros debitados	Juros apropriados	Saldo devedor de juros	Saldo devedor de capital	Dias úteis	Saldo devedor médio total	Saldo devedor médio capital	Taxa de juros praticada	Juros devidos s/ capital	Juros devidos acumulados
01/02/2024	Qui.	0,00	0,00			0,00	0,00						0,00
02/02/2024	Sex.	0,00	0,00			0,00	0,00						0,00
05/02/2024	Seg.	0,00	0,00			0,00	0,00						0,00
06/02/2024	Ter.	0,00	0,00			0,00	0,00						0,00
07/02/2024	Qua.	0,00	0,00			0,00	0,00						0,00
08/02/2024	Qui.	0,00	0,00			0,00	0,00						0,00
09/02/2024	Sex.	0,00	0,00			0,00	0,00						0,00
12/02/2024	Seg.	0,00	0,00			0,00	0,00						0,00
13/02/2024						DIA NÃO ÚTIL							
14/02/2024	Qua.	0,00	0,00			0,00	0,00						0,00
15/02/2024	Qui.	0,00	0,00			0,00	0,00						0,00
16/02/2024	Sex.	0,00	0,00			0,00	0,00						0,00
19/02/2024	Seg.	0,00	0,00			0,00	0,00						0,00
20/02/2024	Ter.	-2.150,00	-2.150,00			0,00	-2.150,00						0,00
21/02/2024	Qua.	-2.150,00	-2.150,00			0,00	-2.150,00						0,00
22/02/2024	Qui.	-2.150,00	-2.150,00			0,00	-2.150,00						0,00
23/02/2024	Sex.	-2.150,00	-2.150,00			0,00	-2.150,00						0,00
26/02/2024	Seg.	-2.150,00	-2.150,00			0,00	-2.150,00						0,00
27/02/2024	Ter.	-2.150,00	-2.150,00			0,00	-2.150,00						0,00
28/02/2024	Qua.	-2.150,00	-2.150,00			0,00	-2.150,00						0,00
29/02/2024						DIA NÃO ÚTIL							
01/03/2024	Sex.	-2.150,00	-2.150,00			0,00	-2.150,00						0,00
04/03/2024	Seg.	-2.150,00	-2.150,00			0,00	-2.150,00						0,00
05/03/2024	**Ter.**	**-2.289,75**	**-2.289,75**	**-139,75**		**-139,75**	**-2.150,00**	**19**	**-2.150,00**	**-226,32**	**7,18%**	**-10,30**	**-10,30**
06/03/2024	Qua.	-2.289,75	-2.289,75			-139,75	-2.150,00						-10,30
07/03/2024	Qui.	-2.289,75	-2.289,75			-139,75	-2.150,00						-10,30
08/03/2024	Sex.	-2.289,75	-2.289,75			-139,75	-2.150,00						-10,30
11/03/2024	Seg.	-2.289,75	-2.289,75			-139,75	-2.150,00						-10,30
12/03/2024	Ter.	-2.289,75	-2.289,75			-139,75	-2.150,00						-10,30
13/03/2024	Qua.	-2.289,75	-2.289,75			-139,75	-2.150,00						-10,30
14/03/2024	Qui.	-2.289,75	-2.289,75			-139,75	-2.150,00						-10,30
15/03/2024	Sex.	-2.289,75	-2.289,75			-139,75	-2.150,00						-10,30

(continua)

90 Introdução à perícia econômico-financeira

(Tabela 4.3 – conclusão)

Data evento	Dia sem.	Saldo total no extrato	Saldo devedor no extrato	Juros debitados	Juros apropriados	Saldo devedor de juros	Saldo devedor de capital	Dias úteis	Saldo devedor médio total	Saldo devedor médio capital	Taxa de juros praticada	Juros devidos s/ capital	Juros devidos acumulados
18/03/2024	Seg.	−2.289,75	−2.289,75			−139,75	−2.150,00						−10,30
19/03/2024	Ter.	−2.289,75	−2.289,75			−139,75	−2.150,00						−10,30
20/03/2024	Qua.	−2.289,75	−2.289,75			−139,75	−2.150,00						−10,30
21/03/2024	Qui.	−2.289,75	−2.289,75			−139,75	−2.150,00						−10,30
22/03/2024	Sex.	−2.289,75	−2.289,75			−139,75	−2.150,00						−10,30
25/03/2024	Seg	−2.289,75	−2.289,75			−139,75	−2.150,00						−10,30
26/03/2024	Ter	−2.289,75	−2.289,75			−139,75	−2.150,00						−10,30
27/03/2024	Qua	−2.289,75	−2.289,75			−139,75	−2.150,00						−10,30
28/03/2024	Qui	−2.289,75	−2.289,75			−139,75	−2.150,00						−10,30
29/03/2024	Sex	−2.289,75	−2.289,75			−139,75	−2.150,00						−10,30
01/04/2024	Seg	−2.289,75	−2.289,75			−139,75	−2.150,00						−10,30
02/04/2024	Ter	−2.289,75	−2.289,75			−139,75	−2.150,00						−10,30
03/04/2024	Qua	−2.289,75	−2.289,75			−139,75	−2.150,00						−10,30
04/04/2024	Qui	−2.289,75	−2.289,75			−139,75	−2.150,00						−10,30
05/04/2024	**Sex**	**−2.289,75**	**−2.289,75**	**−422,30**		**−562,05**	**−1.727,70**	**23**	**−2.289,75**	**−2.150,00**	**18,44%**	**−304,00**	**−314,30**
08/04/2024	Seg	3.000,00	0,00		314,30	−247,75	0,00						0,00
09/04/2024	Ter	3.000,00	0,00			−247,75	0,00						0,00
10/04/2024	Qua	3.000,00	0,00			−247,75	0,00						0,00

Agora, temos duas questões importantes:

- Os juros devidos em 5 de março de 2024, que só foram debitados em 8 de abril de 2024, devem ser corrigidos?
- A diferença dos juros cobrados a maior no primeiro mês – R$ 129,45 – e no segundo mês – R$ 118,30 – deve ser corrigida?

Nossa primeira resposta seria: depende da sentença do juiz! Somos peritos do juiz e sua sentença é o que determina como devemos fazer o cálculo.

A segunda resposta é que, pensando na matemática financeira, não podemos somar bananas com laranjas, portanto devemos dar o mesmo tratamento às diferenças, ou corrigindo os dois valores ou não corrigindo os dois valores.

Importante!

O perito não deve precisar interpretar a sentença do juiz, esse não é seu papel no processo. Para que não precisemos fazer interpretações, como no exemplo acima, devemos corrigir os valores ou não, de acordo com a sentença. O juiz, no entanto, não entende a matemática financeira e manda pagar os valores cobrados a maior, corrigidos pelo Índice Nacional de Preços ao Consumidor (INPC), com juros de mora de 1%, e ponto final. É isso que o perito tem de fazer. Se, porém, os advogados das partes procurarem um assistente técnico para auxiliá-los na hora da leitura da sentença, o assistente poderá identificar os parâmetros que faltam para os cálculos, e os advogados entrarão com embargos, solicitando o esclarecimento do juiz. Essa atitude simples evitará idas e vindas do processo para o perito prestar esclarecimentos e para os assistente técnicos se pronunciarem.

Quando o juiz manda utilizar a taxa maior, seja a taxa média de mercado, seja a do banco, o cálculo é o mesmo, alterando-se apenas a taxa de juros para a taxa média de mercado divulgada, desde 1994, pelo Banco Central.

Se a planilha estiver correta, podemos conferir com os totais. A somatória dos juros apropriados deve ser igual à somatória dos juros devidos sobre o capital; a diferença dos juros indevidos deve ser igual à somatória dos juros devidos menos os juros apropriados, como indicado na Tabela 4.4.

Tabela 4.4 – Continuação do cálculo da conta-corrente

Data evento	Dia sem.	Saldo total no extrato	Saldo devedor no extrato	Juros debitados	Juros apropriados	Saldo devedor de juros	Saldo devedor de capital	Dias úteis	Saldo devedor médio total	Saldo devedor médio capital	Tx. Juros praticada	Juros devidos s/ capital	Juros devidos acumulados	Saldo total ajustado	Diferença juros indevidos
01/02/2024	Qui.	0,00	0,00			0,00	0,00						0,00	0,00	
02/02/2024	Sex.	0,00	0,00			0,00	0,00						0,00	0,00	
05/02/2024	Seg.	0,00	0,00			0,00	0,00						0,00	0,00	
06/02/2024	Ter.	0,00	0,00			0,00	0,00						0,00	0,00	
07/02/2024	Qua	0,00	0,00			0,00	0,00						0,00	0,00	
08/02/2024	Qui	0,00	0,00			0,00	0,00						0,00	0,00	
09/02/2024	Sex	0,00	0,00			0,00	0,00						0,00	0,00	
12/02/2024	Seg.	0,00	0,00			0,00	0,00						0,00	0,00	
13/02/2024								DIA NÃO ÚTIL							
14/02/2024	Qua.	0,00	0,00			0,00	0,00						0,00	0,00	
15/02/2024	Qui	0,00	0,00			0,00	0,00						0,00	0,00	
16/02/2024	Sex.	0,00	0,00			0,00	0,00						0,00	0,00	
19/02/2024	Seg.	0,00	0,00			0,00	0,00						0,00	0,00	
20/02/2024	Ter.	-2.150,00	-2.150,00			0,00	-2.150,00						0,00	-2.150,00	
21/02/2024	Qua.	-2.150,00	-2.150,00			0,00	-2.150,00						0,00	-2.150,00	
22/02/2024	Qui.	-2.150,00	-2.150,00			0,00	-2.150,00						0,00	-2.150,00	
23/02/2024	Sex.	-2.150,00	-2.150,00			0,00	-2.150,00						0,00	-2.150,00	
26/02/2024	Seg.	-2.150,00	-2.150,00			0,00	-2.150,00						0,00	-2.150,00	
27/02/2024	Ter.	-2.150,00	-2.150,00			0,00	-2.150,00						0,00	-2.150,00	
28/02/2024	Qua.	-2.150,00	-2.150,00			0,00	-2.150,00						0,00	-2.150,00	
29/02/2024								DIA NÃO ÚTIL							
01/03/2024	Sex.	-2.150,00	-2.150,00			0,00	-2.150,00						0,00	-2.150,00	
04/03/2024	Seg	-2.150,00	-2.150,00			0,00	-2.150,00						0,00	-2.150,00	
05/03/2024	Ter.	-2.289,75	-2.289,75	-139,75		-139,75	-2.150,00	19	-2.150,00	-226,32	7,18%	-10,30	-10,30	-2.160,30	129,45
06/03/2024	Qua.	-2.289,75	-2.289,75			-139,75	-2.150,00						-10,30	-2.150,00	
07/03/2024	Qui.	-2.289,75	-2.289,75			-139,75	-2.150,00						-10,30	-2.150,00	
08/03/2024	Sex.	-2.289,75	-2.289,75			-139,75	-2.150,00						-10,30	-2.150,00	
11/03/2024	Seg.	-2.289,75	-2.289,75			-139,75	-2.150,00						-10,30	-2.150,00	
12/03/2024	Ter.	-2.289,75	-2.289,75			-139,75	-2.150,00						-10,30	-2.150,00	
13/03/2024	Qua.	-2.289,75	-2.289,75			-139,75	-2.150,00						-10,30	-2.150,00	
14/03/2024	Qui.	-2.289,75	-2.289,75			-139,75	-2.150,00						-10,30	-2.150,00	

(continua)

(Tabela 4.4 – conclusão)

Data evento	Dia sem.	Saldo total no extrato	Saldo devedor no extrato	Juros debitados	Juros apropriados	Saldo devedor de juros	Saldo devedor de capital	Dias úteis	Saldo devedor médio total	Saldo devedor médio capital	Tx. Juros praticada	Juros devidos s/ capital	Juros devidos acumulados	Saldo total ajustado	Diferença juros indevidos
15/03/2024	Sex.	−2.289,75	−2.289,75			−139,75	−2.150,00						−10,30	−2.150,00	
18/03/2024	Seg.	−2.289,75	−2.289,75			−139,75	−2.150,00						−10,30	−2.150,00	
19/03/2024	Ter.	−2.289,75	−2.289,75			−139,75	−2.150,00						−10,30	−2.150,00	
20/03/2024	Qua.	−2.289,75	−2.289,75			−139,75	−2.150,00						−10,30	−2.150,00	
21/03/2024	Qui.	−2.289,75	−2.289,75			−139,75	−2.150,00						−10,30	−2.150,00	
22/03/2024	Sex.	−2.289,75	−2.289,75			−139,75	−2.150,00						−10,30	−2.150,00	
25/03/2024	Seg.	−2.289,75	−2.289,75			−139,75	−2.150,00						−10,30	−2.150,00	
26/03/2024	Ter.	−2.289,75	−2.289,75			−139,75	−2.150,00						−10,30	−2.150,00	
27/03/2024	Qua.	−2.289,75	−2.289,75			−139,75	−2.150,00						−10,30	−2.150,00	
28/03/2024	Qui.	−2.289,75	−2.289,75			−139,75	−2.150,00						−10,30	−2.150,00	
29/03/2024	Sex.	−2.289,75	−2.289,75			−139,75	−2.150,00						−10,30	−2.150,00	
01/04/2024	Seg.	−2.289,75	−2.289,75			−139,75	−2.150,00						−10,30	−2.150,00	
02/04/2024	Ter.	−2.289,75	−2.289,75			−139,75	−2.150,00						−10,30	−2.150,00	
03/04/2024	Qua.	−2.289,75	−2.289,75			−139,75	−2.150,00						−10,30	−2.150,00	
04/04/2024	Qui.	−2.289,75	−2.289,75			−139,75	−2.150,00						−10,30	−2.150,00	
05/04/2024	Sex.	−2.289,75	−2.289,75	−422,30		−562,05	−1.727,70	23	−2.289,75	−2.150,00	18,44%	−304,00	−314,30	−2.042,00	118,30
08/04/2024	Seg.	3.000,00	0,00		314,30	−247,75	0,00						0,00	0,00	
09/04/2024	Ter.	3.000,00	0,00			−247,75	0,00						0,00	0,00	
10/04/2024	Qua.	3.000,00	0,00			−247,75	0,00						0,00	0,00	
TOTAIS		314,30		−562,05					−314,30			247,75			

Em casos de planilhas grandes, é mais adequado que ela não seja apresentada no corpo do laudo pericial. No corpo do laudo pericial deve constar somente o resumo, ou o resultado da planilha, porque é isso que os advogados e os juízes querem – eles não gostam de ler planilhas. Assim, inserimos a planilha em apêndice para os assistentes técnicos.

Para saber mais

AGUIAR JÚNIOR, R. R. **Os contratos bancários e a jurisprudência do Superior Tribunal de Justiça**. Disponível em: <https://core.ac.uk/reader/79058470>. Acesso em: 7 nov. 2024.

Escrito pelo Ministro Ruy Rosado de Aguiar Júnior, do Superior Tribunal de Justiça (STJ), o artigo aborda o conceito de contrato bancário e os precedentes do STJ sobre esse tipo de contrato. Leitura muito importante para o perito porque apresenta várias operações bancárias e a execução dos processos.

JANTALIA, F. **A revisão judicial de taxas de juros em contratos bancários**: uma análise crítica sob o prisma do direito econômico. 212 f. Dissertação (Mestrado em Direito) – Universidade de Brasília, Brasília, 2010. Disponível em: <http://icts.unb.br/jspui/bitstream/10482/7701/1/2010_FabianoJantalia.pdf>. Acesso em: 7 nov. 2024.

Essa dissertação de mestrado aborda a revisão da conta-corrente para a discussão da taxa de juros, analisando a efetiva proteção das decisões judiciais, com o fundamento da abusividade das taxas muito altas.

MACHADO, E. N. **O controle judicial das cláusulas abusivas nos contratos bancários**: inaplicabilidade da taxa média do mercado. 36 f. Monografia (Graduação em Direito) – Centro Universitário de Brasília, Brasília, 2018. Disponível em: <https://repositorio.uniceub.br/jspui/bitstream/prefix/12922/1/21440094.pdf>. Acesso em: 7 nov. 2024.

Em sua monografia, o autor aborda todos os itens que vimos neste capítulo, com ênfase nas cláusulas abusivas, indicando se é possível, ou não, utilizar a taxa média de mercado.

TJMG – Tribunal de Justiça de Minas Gerais. Agravo de Instrumento-CV n. 1.0024.13.219049-7/001. Relator: Des. Leite Praça. Julgado: 21/05/0015. **Diário da Justiça**, Belo Horizonte, MG, 21 maio 2015. Disponível em: <https://bd-login.tjmg.jus.br/jspui/bitstream/tjmg/7075/21/TJMG%20Agravo%20de%20instrumento%201.0024.13.2190497-001.pdf>. Acesso em: 7 nov. 2024.

No caso em questão, vemos que uma ação revisional de contrato bancário precisa de uma perícia para não haver o cerceamento de defesa ou a prova é desnecessária para a resolução do mérito do processo.

SÍNTESE

Neste capítulo, citamos algumas legislações sobre os contratos bancários, dando ênfase à conta-corrente. É importante que o perito ou o assistente técnico conheçam essa legislação para poder apresentar um trabalho de excelência e tenham ciência dos assuntos das discussões que ocorrem no Judiciário, citadas no capítulo.

Mencionamos também os documentos necessários para fazer a revisão de conta-corrente, como os extratos, com os quais o perito fará suas análises e seu recálculos, durante todo o período questionado. A revisão de contas-correntes é uma ferramenta importante para proteger os direitos dos consumidores e garantir a transparência nas operações bancárias.

Apontamos ainda a metodologia correta para o débito dos juros, conforme o art. 354 do Código Civil de 2002: havendo um depósito na conta-corrente, primeiramente é preciso imputar os juros e somente depois o capital.

Explicamos o que é onerosidade excessiva e quais são as teorias envolvidas – a da imprevisão e a da boa-fé subjetiva –, bem como quem é o superendividado e como o assistente técnico pode atuar nessa questão.

Por fim, descrevemos como deve ser feita a planilha para fazer uma revisional de conta-corrente. Como vimos, a planilha apresentada é complexa e precisa ser bem explicada no laudo pericial, no qual ela deve constar em apêndice.

Destacamos também algumas das dúvidas sobre a correção dos valores a creditar para o correntista (diferença cobrada a maior) e para o banco (juros devidos não debitados na data pelo fato de a conta-corrente estar com saldo negativo).

QUESTÕES PARA REVISÃO

1) Assinale a alternativa que indica corretamente uma forma de capitalização de juros na conta-corrente:

    a. Quando a conta-corrente nunca ficou com saldo negativo.
    b. Quando a conta-corrente não tem limite de crédito.
    c. Quando a conta-corrente está positiva e são debitados juros por utilização do limite.
    d. Quando a conta-corrente está negativa e são debitados juros por utilização do limite.
    e. Nenhuma das alternativas.

2) Assinale a alternativa correta sobre a conta garantida:

   a. É controlada junto com a conta-corrente.
   b. É automática no débito e no crédito.
   c. Não é automática – o correntista precisa pedir seu resgate ou aplicação.
   d. Todas as alternativas anteriores.
   e. Nenhuma das alternativas anteriores.

3) Assinale a alternativa correta sobre conta com limite de crédito ou cheque especial:

   a. Não incidem juros sobre a sua utilização.
   b. Os juros são controlados pelo Banco Central.
   c. O Banco Central divulga a taxa média de juros utilizados pelos 50 maiores bancos.
   d. Não é automática em sua utilização – o correntista precisa pedir seu resgate ou aplicação.
   e. Nenhuma das alternativas está correta.

4) Assinale a alternativa correta sobre a conta-corrente com limite de crédito:

   a. Existe um único contrato.
   b. Existem dois contratos: um da abertura da conta e outro do limite de crédito.
   c. Não é automática – o correntista deve pedir seu resgate ou aplicação.
   d. Todas as alternativas estão corretas.
   e. Nenhuma das alternativas está correta.

5) Assinale a alternativa correta sobre conta-corrente com limite de crédito ou cheque especial:

   a. A taxa média de mercado pode ser menor que a taxa aplicada pelo banco.
   b. Nesse tipo de conta, pode haver a capitalização de juros.
   c. O Banco Central divulga a taxa de juros média de mercado.
   d. O resgate do limite de cheque é automático, ou seja, para a utilização, o correntista não precisa pedir o resgate ou a aplicação.
   e. Todas as alternativas estão corretas.

6) Qual é a principal função do perito econômico-financeiro em uma ação revisional de contas-correntes?

7) Explique as características de uma conta-corrente simples, ou comum, de uma conta com limite de crédito, ou cheque especial, e de uma conta garantida.

8) Por que a conta garantida é considerada um bom negócio para o banco?

9) O que acontece quando um correntista paga um boleto de R$ 2.150,00 com saldo zero na conta-corrente, mas com um limite de cheque especial de R$ 5.000,00?

10) Quando ocorre a capitalização de juros em uma conta-corrente com limite de cheque especial?

11) Como é calculado o saldo devedor médio de capital?

12) Qual é a importância do extrato bancário na revisão de uma conta-corrente?

13) Como é calculada a taxa de juros praticada pelo banco?

Questões para reflexão

1) Em qual situação o perito deve fazer interpretações sobre os parâmetros dos cálculos para uma liquidação de sentença?

2) Por que uma conta-corrente sem limite de crédito não tem capitalização de juros?

3) Discorra sobre as principais discussões no Judiciário sobre a revisão de conta-corrente.

4) Como se caracteriza uma pessoa superendividada e como o assistente técnico pode atuar nesse caso?

Considerações finais

Chegando ao final desta escrita, esperamos que tenha sido didática o suficiente para conseguir transmitir as informações necessárias a você, leitor.

Os cálculos econômico-financeiros são complexos, pois reúnem uma série de conhecimentos multidisciplinares, como o direito e a matemática financeira. Como vimos ao longo dos exemplos, é fundamental conhecer matemática financeira profundamente e dominar a produção de planilhas de cálculos para atuar como perito.

Nossa pretensão foi iniciá-lo na fascinante área da perícia judicial. Sim, iniciá-lo, pois há muito mais a estudar. O perito é um profissional que estuda todos os dias e, mesmo assim, não terá tempo de estudar todos os assuntos que podem ser relevantes em sua prática.

Para prosseguir em seus estudos sobre o tema, indicamos a leitura do livro *Noções de perícia judicial*, escrito por esta autora, e de todos os outros que puder ler. Como sinalizamos ao longo desta obra, há muitas divergências na área da perícia, considerando-se, por exemplo, se podemos capitalizar juros ou não, se a Tabela Price capitaliza juros ou não. É preciso conhecer as diferentes posturas para construirmos a nossa perspectiva.

Ficamos com a esperança de que você se torne um perito de excelência e possamos nos encontrar pelos processos da vida: em algum momento, um como perito do juiz e outro como assistente.

Bons estudos!

Referências

AGUIAR, J. L. **Honorários periciais**: planejamento, proposta e justiça gratuita. Goiânia: Kelps, 2018.

AGUIAR JÚNIOR, R. R. **Os contratos bancários e a jurisprudência do Superior Tribunal de Justiça**. Disponível em: <https://core.ac.uk/reader/79058470>. Acesso em: 7 nov. 2024.

ANDREASSA JUNIOR, G.; OLIVEIRA, A. J. (Org.). **Novos estudos de direito bancário**. Curitiba: Íthala, 2019.

BCB – Banco Central do Brasil. Sistema Gerenciador de Séries Temporais – v2.1. Módulo Público. **Série 25442** – Taxa média mensal de juros das operações de crédito com recursos livres – Pessoas jurídicas – Capital de giro com prazo superior a 365 dias. Disponível em: <https://www3.bcb.gov.br/sgspub/consultarvalores/consultarValoresSeries.do?method=consultarValores>. Acesso em: 6 nov. 2024.

BRASIL. Decreto n. 22.626, de 7 de abril de 1933. **Diário Oficial da União**, Poder Executivo, Rio de Janeiro, 8 abr. 1933. Disponível em: <https://www.planalto.gov.br/ccivil_03/decreto/d22626.htm>. Acesso em: 28 out. 2024.

BRASIL. Lei n. 6.899, de 8 de abril de 1981. **Diário Oficial da União**, Poder Legislativo, Brasília, DF, 9 abr. 1981. Disponível em: <https://www.planalto.gov.br/ccivil_03/leis/L6899.htm>. Acesso em: 17 out. 2024.

BRASIL. Lei n. 10.406, de 10 de janeiro de 2002. **Diário Oficial da União**, Poder Legislativo, Brasília, DF, 11 jan. 2002. Disponível em: <http://www.planalto.gov.br/ccivil_03/LEIS/2002/L10406.htm>. Acesso em: 17 out. 2024.

BRASIL. Lei n. 11.101, de 9 de fevereiro de 2005. **Diário Oficial da União**, Poder Executivo, Brasília, DF, 9 fev. 2005. Disponível em: <https://www.planalto.gov.br/ccivil_03/_ato2004-2006/2005/lei/l11101.htm>. Acesso em: 31 out. 2024.

BRASIL. Lei n. 13.105, de 16 de março de 2015. **Diário Oficial da União**, Poder Legislativo, Brasília, DF, 17 mar. 2015. Disponível em: <http://www.planalto.gov.br/ccivil_03/_Ato2015-2018/2015/Lei/L13105.htm>. Acesso em: 17 out. 2024.

BRASIL. Medida Provisória n. 1.963-17, de 30 de março de 2000. **Diário Oficial da União**, Poder Executivo, Brasília, DF, 31 mar. 2000. Disponível em: <https://www.planalto.gov.br/ccivil_03/mpv/antigas/1963-17.htm>. Acesso em: 7 nov. 2024.

BRASIL. Medida Provisória n. 2.170-36 de 23 de agosto de 2001. **Diário Oficial da União**, Poder Executivo, Brasília, DF, 24 ago. 2001. Disponível em: <https://www.planalto.gov.br/ccivil_03/mpv/2170-36.htm>. Acesso em: 7 nov. 2024.

BRASIL. Ministério do Desenvolvimento, Indústria, Comércio e Serviços. Câmara de Comércio Exterior. Resolução n. 63, de 6 de setembro de 2011. **Diário Oficial da União**, Brasília, DF, 8 set. 2011. Disponível em: <https://www.legisweb.com.br/legislacao/?id=339177>. Acesso em: 5 nov. 2024.

DE-LOSSO, R.; GIOVANNETTI, B. C.; RANGEL, A. de S. Sistema de Amortização por Múltiplos Contratos: a falácia do sistema francês. **Economic Analysis of Law Review**, v. 4, n. 1, p. 160-180, jan.-jun. 2013. Disponível em: <https://www.researchgate.net/publication/272500896_Sistema_de_Amortizacao_por_Multiplos_Contratos_A_Falacia_do_Sistema_Frances>. Acesso em: 7 nov. 2024.

FARIA, C. C. **O contrato de mútuo**: os juros moratórios e os juros remuneratórios. 89 f. Dissertação (Mestrado em Solicitadoria) – Escola Superior de Tecnologia e Gestão, Porto, 2013-2014. Disponível em: <https://recipp.ipp.pt/bitstream/10400.22/6404/1/DM_CindyFaria_MSOL2014.pdf>. Acesso em: 17 out. 2024.

GOMES, P. A. **Perícia econômico-financeira judicial e extrajudicial**. Conselho Regional de Economia de Santa Catarina: Florianópolis, 2012.

HOOG, W. A. Z. **Moderno dicionário contábil**: da retaguarda à vanguarda. Curitiba: Juruá, 2004.

JANTALIA, F. **A revisão judicial de taxas de juros em contratos bancários**: uma análise crítica sob o prisma do direito econômico. 212 f. Dissertação (Mestrado em Direito) – Universidade de Brasília, Brasília, 2010. Disponível em: <http://icts.unb.br/jspui/bitstream/10482/7701/1/2010_FabianoJantalia.pdf>. Acesso em: 7 nov. 2024.

LEITE, F. C. A. Regime jurídico de aplicação dos juros moratórios previstos no Código Civil. **Consultor Jurídico**, 23 nov. 2022. Disponível em: <https://www.conjur.com.br/2022-nov-23/fabricio-leite-juros-moratorios-previstos-codigo-civil/>. Acesso em: 6 nov. 2024.

MACHADO, E. N. **O controle judicial das cláusulas abusivas nos contratos bancários: inaplicabilidade da taxa média do mercado**. 36 f. Monografia (Graduação em Direito) – Centro Universitário de Brasília, Brasília, 2018. Disponível em: <https://repositorio.uniceub.br/jspui/bitstream/prefix/12922/1/21440094.pdf>. Acesso em: 7 nov. 2024.

MALAN, D. Notas sobre a investigação e prova da criminalidade econômico-financeira organizada. **Revista Brasileira de Direito Processual Penal**, v. 2, n. 1, p. 213-238, 2016. Disponível em: <https://dialnet.unirioja.es/servlet/articulo?codigo=5694104>. Acesso em: 16 out. 2024.

MIGALHAS. **STJ**: Em citação por correio, prazo começa no dia útil seguinte ao AR. 19 out. 2022. Disponível em: <https://www.migalhas.com.br/quentes/375553/stj-em-citacao-por-correio-prazo-comeca-no-dia-util-seguinte-ao-ar>. Acesso em: 17 out. 2024.

MOITA, C. M. **Matemática financeira**. São Paulo: Atlas, 2002.

MÜLLER, A. N.; ANTONIK, L. R. **Cálculos periciais**: efeitos inflacionários, números, índices, indexadores e sistemas de amortização. 3. ed. rev. e atual. Curitiba: Juruá, 2013.

OLIVEIRA, A. J. G. de. **Defesa judicial do consumidor bancário**. 547 f. Dissertação (Mestrado em Direito das Relações Sociais) – Universidade Federal do Paraná, Curitiba, 2014.

SEKUNDA, A. Perícia contábil-financeira e os sistemas de amortização: sistema francês versus sistema de equivalência a juros simples. **Revista Gestão Organizacional**, v. 12, n. 2, p. 77-101, maio/ago. 2019. Disponível em: <https://bell.unochapeco.edu.br/revistas/index.php/rgo/article/view/4704>. Acesso em: 7 nov. 2024.

SILVA, A. A. G. **A perícia forense no Brasil**. 125 f. Dissertação (Mestrado em Engenharia Elétrica) – Universidade de São Paulo, São Paulo, 2010. Disponível em: <https://www.teses.usp.br/teses/disponiveis/3/3142/tde-11082010-152328/publico/Dissertacao_Alexandre_A_G_da_Silva.pdf>. Acesso em: 17 out. 2024.

SOUSA, A. S.; NEVES JÚNIOR, I. J.; RIBEIRO, L. P. Perícia em matemática financeira: sistema de amortização de juros simples com parcelas constantes do financiamento. **Razão Contábil e Finanças**, v. 11, n. 2, 2020.

STF – Supremo Tribunal Federal. **Súmula 121**. Aprovada em: 13 dez. 1963. Disponível em: <https://jurisprudencia.stf.jus.br/pages/search/seq-sumula121/false>. Acesso em: 7 nov. 2024.

STJ – Superior Tribunal de Justiça. **Audiência pública**: Capitalização de juros no SFH. 29 fev. 2016. Disponível em: <https://www.youtube.com/watch?v=dfv6PSi8mu0>. Acesso em: 7 nov. 2024.

STJ – Superior Tribunal de Justiça. Recurso Especial n. 973.827/RS. Relator: Ministro Luis Felipe Salomão. Julgado em: 27 jun. 2012. **Diário da Justiça Eletrônico**, 24 set. 2012. Disponível em: <https://scon.stj.jus.br/SCON/GetInteiroTeorDoAcordao?cod_doc_jurisp=1219249>. Acesso em: 7 nov. 2024.

STJ – Superior Tribunal de Justiça. Recurso Especial n. 1.061.530/RS. Relatora: Ministra Nancy Andrighi. Julgado em: 22 out. 2008. **Diário de Justiça Eletrônico**, 10 mar. 2009. Disponível em: <https://scon.stj.jus.br/SCON/GetInteiroTeorDoAcordao?cod_doc_jurisp=913712>. Acesso em: 30 out. 2024.

STJ – Superior Tribunal de Justiça. Recurso Especial n. 1.112.880/PR. Relatora: Ministra Nancy Andrighi. Julgado em: 12 maio 2010. **Diário de Justiça Eletrônico**, 19 maio 2010. Disponível em: <https://processo.stj.jus.br/SCON/GetInteiroTeorDoAcordao?num_registro=200900158343&dt_publicacao=19/05/2010>. Acesso em: 7 nov. 2024.

STJ – Superior Tribunal de Justiça. Recurso Especial n. 1.124.552/RS. Relator: Ministro Luis Felipe Salomão. Julgado em: 3 dez. 2014. **Diário de Justiça Eletrônico**, 2 fev. 2015. Disponível em: <https://processo.stj.jus.br/SCON/GetInteiroTeorDoAcordao?num_registro=200900310405&dt_publicacao=02/02/2015>. Acesso em: 7 nov. 2024.

STJ – Superior Tribunal de Justiça. Recurso Especial n. 1.388.972/SC. Relator: Ministro Marco Buzzi. Julgado em: 8 fev. 2017. **Diário de Justiça Eletrônico**, 13 mar. 2017. Disponível em: <https://processo.stj.jus.br/SCON/GetInteiroTeorDoAcordao?num_registro=201301760262&dt_publicacao=13/03/2017>. Acesso em: 7 nov. 2024.

STJ – Superior Tribunal de Justiça. Recurso Especial n. 1.826.463/SC. Relator: Ministro Paulo de Tarso Sanseverino. Julgado em: 14 out. 2020. **Diário de Justiça Eletrônico**, 29 out. 2020. Disponível em: <https://processo.stj.jus.br/SCON/GetInteiroTeorDoAcordao?num_registro=201902048747&dt_publicacao=29/10/2020>. Acesso em: 7 nov. 2024.

TAKAMATSU, R. T.; LAMOUNIER, W. M. A importância da atualização monetária de valores para a análise das demonstrações financeiras. **Contabilidade Vista & Revista**, v. 17, n. 2, p. 67-87, abr./jun. 2006. Disponível em: <https://www.redalyc.org/pdf/1970/197014750005.pdf>. Acesso em: 6 nov. 2024.

TJDFT – Tribunal de Justiça do Distrito Federal e dos Territórios. **Tabela Price**: legalidade. 20 jan. 2022. Disponível em: <https://www.tjdft.jus.br/consultas/jurisprudencia/jurisprudencia-em-temas/jurisprudencia-em-detalhes/acao-revisional-de-contrato-bancario/tabela-price-legalidade>. Acesso em: 7 nov. 2024

TJMG – Tribunal de Justiça de Minas Gerais. Agravo de instrumento-CV n. 1.0024.13.219049-7/001. Relator: Des. Leite Praça. Julgado em: 21/05/2015. **Diário da Justiça**, Belo Horizonte, 21 maio 2015. Disponível em: <https://bd-login.tjmg.jus.br/jspui/bitstream/tjmg/7075/21/TJMG%20Agravo%20de%20instrumento%201.0024.13.2190497-001.pdf>. Acesso em: 7 nov. 2024.

VIEIRA SOBRINHO, J. D. **Matemática financeira**. 6. ed. São Paulo: Atlas, 1997.

VIEIRA SOBRINHO, J. D. **Matemática financeira**. 7. ed. São Paulo: Atlas, 2000.

WALDEMAR, F. **A proposta da nova Lei de Falências e os efeitos na atividade pericial contábil**. 145 f. Dissertação (Mestrado em Controladoria e Contabilidade Estratégica) – Faculdade Escola de Comércio Álvares Penteado, São Paulo, 2004. Disponível em: <https://bdtd.ibict.br/vufind/Record/FECAP-0_23f4e96e7ec47550f998702df7b55db7>. Acesso em: 16 out. 2024.

ZANNA, R. D. **Perícia contábil em matemática financeira**. 2. ed. São Paulo: IOB, 2011.

Respostas

CAPÍTULO 1

Questões para revisão

1) c

2) d

3) c

4) Os juízes passaram a nomear peritos em razão do aumento da demanda e da falta de pessoal.

5) A perícia contábil envolve atribuições exclusivas do contador, como alterar lançamentos contábeis, e a econômico-financeira pode ser conduzida por profissionais de outras áreas.

6) Estar cadastrado nos sistemas dos tribunais, preencher dados pessoais e escolares, fornecer certidões negativas federais, estaduais e municipais e estar inscrito e em dia no conselho de sua profissão.

7) Na fase probatória.

8) É essencial que o perito saiba matemática financeira e conheça profundamente uma planilha de cálculos.

9) Como todos os processos têm de ser valorados, isto é, chegar a um valor atual para que o devedor pague o credor, sempre será necessária a realização de perícia econômico-financeira.

Questões para reflexão

1) Para auxiliar o juiz em sua sentença.

2) É um auxiliar do juiz, por isso o representa.

3) A perícia econômico-financeira pode ser utilizada em todas as esferas do Judiciário, como trabalhista, civil, criminal, entre outras.

CAPÍTULO 2

Questões para revisão

1) c

2) d

3) b

4) A base de cálculo dos juros simples é sempre o capital inicial, por isso são constantes para uma mesma taxa de juros. Os juros compostos têm como base de cálculo o capital mais os juros do mês anterior e são progressivos.

5) A correção monetária é utilizada para manter o valor do dinheiro no tempo, para não perder o poder de compra. No Brasil, é empregada porque tem uma inflação alta em relação a outros países que não precisam utilizá-la.

6) Juros remuneratórios são a compensação pelo capital emprestado. Para investidores, são os juros recebidos ao aplicar dinheiro em produtos financeiros, como poupança ou CDB. Para tomadores de empréstimos, são os juros pagos ao banco pelo valor emprestado.

7) Juros remuneratórios são pagos como compensação pelo uso do capital emprestado, e juros moratórios são uma penalidade pelo atraso no pagamento de uma dívida.

8) A tabela Price é um método de amortização em que as parcelas são fixas. A fórmula utilizada é $P = K \cdot \dfrac{(1+i)^n \cdot i}{(1+i)^n - 1}$, sendo P a parcela, K o capital, i a taxa de juros e n o número de parcelas.

9) Eles são representados pela diferença entre o valor financiado e o total das parcelas pagas ao longo do período.

10) Juros moratórios são uma penalidade aplicada pelo atraso no pagamento de uma dívida. Eles são aplicados quando o devedor não paga suas obrigações na data de vencimento. O Código Civil, no art. 407, estabelece que o devedor é obrigado a pagar juros de mora mesmo que não haja prejuízo alegado. Se não forem convencionados, os juros moratórios serão fixados conforme a taxa legal, conforme o art. 406 do mesmo código.

11) O perito deve buscar os parâmetros para o cálculo que lhe for solicitado na sentença de liquidação.

12) Em processos judiciais, a correção monetária é um mecanismo para atualizar o valor de uma obrigação ou quantia monetária, considerando-se a inflação desde o vencimento até o pagamento. O principal objetivo é compensar a inflação e manter o poder de compra do valor devido.

13) A data do cálculo deve ser a data do laudo.

14) Índice Nacional de Preços ao Consumidor (INPC), Índice Nacional de Preços ao Consumidor Amplo Especial (IPCA-E), Índice Geral de Preços – Mercado (IGP-M) e Selic.

15) A aplicação da correção monetária ajusta o valor da obrigação para refletir a inflação acumulada.

Questões para reflexão

1) Sim, pois um processo pode demorar até dez anos, ou mais, para ser concluído, portanto a correção monetária vai manter o valor da compra do dinheiro.

2) Os índices podem ser de preço ou de custo, financeiros ou dos tribunais, já que cada um tem o seu. A escolha do índice dependerá do tipo de ação e do assunto tratado no processo, bem como da esfera em que o processo corre, ou seja, se estadual ou se federal. No caso da esfera federal, pode ser ainda civil, criminal ou trabalhista.

3) O laudo pericial deve ser escrito em linguagem simples e lógica, para qualquer leigo entender, e deve conter o objetivo, a metodologia, a análise feita e respostas conclusivas.

4) A liquidação de sentença por arbitramento é aquela que é ordenada na sentença do juízo.

CAPÍTULO 3

Questões para revisão

1) a

2) d

3) e

4) b

5) c

6) No método de amortização com juros simples, os juros simples são calculados sobre o saldo devedor.

7) Uma vantagem do SAC em comparação com a tabela Price é a amortização mais rápida do principal.

8) Sistema de Amortização Constante (SAC).

9) Na Tabela Price, as prestações são iguais do início ao final e a amortização é constante, por isso é o método mais adequado para quem prefere parcelas iniciais mais baixas. No SAC, o valor da parcela começa maior e vai diminuindo ao longo do tempo e a amortização é constante, com valor fixo; portanto, é o mais adequado para quem deseja reduzir rapidamente o saldo devedor.

10) Os peritos devem transcrever o quesito e respondê-lo por completo, evitando responder somente com "sim" ou "não".

11) Os documentos que devem fazer parte do laudo são os apêndices e os anexos, quando houver.

12) No método SAC, os juros são variáveis e a amortização é constante.

13) A principal vantagem da Tabela Price são as parcelas fixas, que facilitam o planejamento financeiro.

14) Com uma descrição detalhada da metodologia utilizada, incluindo fórmulas e índices aplicados.

15) Os juros são calculados sobre o valor total do empréstimo.

16) O perito pode ser solicitado a utilizar métodos de amortização na liquidação de sentença envolvendo financiamentos bancários.

Questões para reflexão

1) Não, pois cada qual deve concentrar-se em sua especialidade; o direito é a área do advogado, e os cálculos são a do perito econômico-financeiro.

2) Em razão das altas taxas de juros praticadas pelo mercado financeiro.

3) Não, a suspeição e a impugnação do perito são as mesmas do juiz, porque o perito é um auxiliar do juiz.

CAPÍTULO 4

Questões para revisão

1) d

2) c

3) c

4) b

5) e

6) Fazer aos cálculos financeiros para identificar possíveis abusividades e auxiliar o juiz na tomada de decisão.

7) Na conta-corrente simples, não há outros contratos anexados, portanto não é possível que o correntista faça débitos quando não há saldo disponível. Já a conta-corrente com limite de cheque especial permite que o correntista utilize um limite de crédito, mesmo sem saldo disponível. A conta garantida é movimentada separadamente da conta-corrente, enquanto o cheque especial é lançado na mesma conta corrente.

8) A conta garantida é considerada um bom negócio para o banco porque ele cobra uma taxa de juros para adiantar o dinheiro que o correntista teria no vencimento do título e ainda pode debitar da conta-corrente caso algum título não seja pago.

9) A conta corrente ficará negativa em R$ 2.150,00, restando ainda um limite de R$ 2.850,00 disponível.

10) A capitalização de juros ocorre quando eles são debitados sobre um saldo negativo existente na conta-corrente.

11) O saldo devedor médio de capital é calculado subtraindo-se os juros do saldo devedor médio total. Somam-se todos os dias do mês em que a conta está com saldo negativo e divide-se o resultado pelo número de dias.

12) O extrato bancário é o documento mais importante para fazer uma revisão de conta-corrente, pois contém todos os dados necessários para calcular os juros e verificar o saldo diário.

13) A taxa de juros é calculada dividindo-se o valor dos juros pelo saldo devedor médio total e pelo número de dias.

Questões para reflexão

1) O perito deve fazer interpretações sobre os parâmetros dos cálculos para uma liquidação de sentença quando a sentença do juízo não traz todas as informações para fazer os cálculos. O perito não deve interpretar sentença. Os advogados deveriam ou contratar um assistente técnico ou orientar seu cliente sobre a necessidade dessa contratação para verificar se os parâmetros dos cálculos estão na sentença e, caso não estejam, entrar com embargos solicitando os parâmetros apontados pelo assistente técnico.

2) Uma conta-corrente sem limite de crédito não tem capitalização de juros porque não tem como ficar negativa, em princípio. Sem que a conta esteja negativa, não há razão para capitalização de juros, o que acontece somente quando os juros pela utilização do limite de crédito são somados ao saldo devedor, que será a base de cálculo do mês seguinte.

3) As discussões no Judiciário passam pela determinação de haver licitude ou ilicitude na capitalização de juros e nas formas como esta ocorre, uma vez que pode haver mais de uma forma. A contratação e a forma de capitalização devem estar claras e expressas no contrato. É importante reforçar que não basta a autorização legal, ela deve ser clara e expressa. A questão da onerosidade excessiva também é tema dessas discussões no Judiciário, visto que há julgados que afastam a capitalização de juros, mesmo que contratados, porque fere o princípio do equilíbrio.

4) Em alguns casos, o banco libera diversos créditos para um cliente – limite de cheque, cartão de crédito, empréstimos etc. – que não sabe administrá-los com responsabilidade. Quando isso ocorre, o cliente pode perder o controle dos créditos tomados/gastos até não ter mais quantia suficiente para arcar com os juros remuneratórios e moratórios cobrados pelo banco. Em outras palavras, uma pessoa superendividada é aquela que tem mais crédito do que pode pagar. No caso de essas dívidas serem processadas, o assistente técnico pode fazer o plano de pagamento para a pessoa superendividada.

Sobre a autora

Sônia Regina Ribas Timi é mestre em Ciências Contábeis pela Universidade Federal do Paraná (UFPR) e especialista em Contabilidade e Finanças pela mesma instituição. Também é especialista em Perícia Tributária pela Escola Trevisan de Negócios (SP), com MBA em Perícia Criminal e Ciências Forenses pelo Instituto de Pós-Graduação e Graduação de Curitiba e MBA em Perícia e Auditoria Econômico-Financeira pelo Instituto de Pós-Graduação e Graduação de Goiânia. É graduada em Ciências Contábeis pela Universidade Paulista (Unip) e em Administração pela Faculdade de Ciências Administrativas e Comércio Exterior do Paraná. Perita habilitada no Cadastro dos Auxiliares da Justiça, no Projudi do Paraná e de Santa Catarina e no Eproc da Justiça Federal e da Justiça Trabalhista, criou o Fórum Permanente de Perícia do Conselho Regional de Administração do Paraná em 2014. Professora de pós-graduação em perícia em diversas instituições, é também palestrante sobre perícias judiciais e bancárias. Autora dos livros *Perícia contábil* (Saraiva, 2017), *Fraudes documentais e contábeis* (InterSaberes, 2020) e *Noções de perícia judicial* (InterSaberes, 2023).

Impressão:
Janeiro/2025